통합교육 시대 교과서를 위한
장애의 왜곡된 이미지 탐구

통합교육 시대 교과서를 위한 장애의 왜곡된 이미지 탐구

초판 1쇄 발행 2025년 5월 10일

지은이 조주희
펴낸이 장길수
펴낸곳 지식과감성#
출판등록 제2012-000081호

교정 김지원
디자인 정윤솔, 김희영
편집 정윤솔, 김희영
검수 정은솔, 정윤솔
마케팅 김윤길

주소 서울시 금천구 벚꽃로298 대륭포스트타워6차 1212호
전화 070-4651-3730~4
팩스 070-4325-7006
이메일 ksbookup@naver.com
홈페이지 www.knsbookup.com

ISBN 979-11-392-2594-5(93510)
값 17,000원

• 이 책의 판권은 지은이에게 있습니다.
• 이 책 내용의 전부 또는 일부를 재사용하려면 반드시 지은이의 서면 동의를 받아야 합니다.
• 잘못된 책은 구입하신 곳에서 바꾸어 드립니다.

지식과감성#
홈페이지 바로가기

통합교육 시대 교과서를 위한

장애의 왜곡된 이미지 탐구

조주희 지음

"교과서에 장애인이 환자라고 나와요.
나는 환자가 아닌데요."

대한민국 교육부와
한국연구재단의
지원을 받아 수행됨

저자 소개

조주희

총신대학교 교직과 교수로 재직하고 있습니다. 서울대학교와 미국 메릴랜드대학교에서 교육학을 전공했습니다. 한국교육개발원 박사급 연구원, 분당서울대학교병원, 고려대학교에서 연구교수로 일했습니다. 한국다문화아동청소년학회, 마음경영학회, 한국장애인보건의료협의회에서 이사로 있습니다. 비판적 사회학적 관점으로 교육정책과 실제의 다이나믹, 장애, 공정한 교육을 주제로 연구하는 실천가로 살아가고 있습니다.

감사의 글

사랑하고 존경하는
서울대학교 조창섭 명예교수님, 김순희 님과
나의 소중한 가족에게

들어가며

"교과서에 장애인이 환자라고 나와요. 나는 환자가 아닌데요."
"장애는 꼭 극복해야 하는 걸까요. 나는 지금 이대로 행복한데요."
"학교에서 나(장애)에 대해 배우고 싶어요."

2023년 기준으로 약 9만 명의 특수교육 대상자 수에서 70%에 달하는 6만여 명의 학생이 일반학교에서 통합교육을 받고 있다(교육부, 2020). 제5차 '특수교육발전 5개년 계획'으로 모든 학교 교육 수준에서 장애이해교육이 제공되고 있지만, 장애에 대한 인식은 여전히 매우 낮은 것으로 보인다. 일반학교에 다니는 장애 학생의 약 12%가 따돌림 등을 이유로 특수학교로 전학하고 있다(교육부, 2023). 보건복지부(2019)에 따르면 장애인의 절반 이상이 학교에서 또래 학생에게 놀림을 당한 경험이 있다고 밝히고 있다. 장애인 자살에 대한 선행연구가 국내에 거의 전무하다고 지적되기 때문에 자살의 원인을 알 수는 없지만 '장애인 자살 예방을 위한 사례 연구'를 진행한 한국장애인개발원(2017)에 따르면 장애인 아동·청소년(10세에서 19세 해당)의

약 16%가 고의적 자해(자살)로 사망하고 있다고 보고된다. 장애인차별금지법으로 장애차별적인 언어의 표현이나 물리적인 행동을 모두 금지하고 있음에도 불구하고 여전히 학교에서 집단 따돌림이나 차별이 이루어지고 있다는 사실은 낙담스럽다.

21세기 한국은 통합사회의 방향으로 나아가고 있다. 따라서 민주주의와 평등을 위한 교육적 전략이 필요하다. 다양한 특성을 가진 우리의 아이들이 함께 배우고 사회에 기여하는 시민으로 준비될 수 있는 교육체제의 변화가 요구된다. 교육과정에서 장애차별적인 지식을 없애고 올바른 문화를 만들어가야 한다는 것은 국제사회에서 강조되고 있다. 1994년 유엔은 「장애인의 기회 평등에 관한 표준 규칙」을 통해 모든 국가는 "교육과정 개발을 통해서 장애인의 교육 참여를 높여야 한다(United Nation, 1994: 15)"라고 지적하고 있다. 이러한 과정을 통해서만이 통합교육 체제 안에서 다양한 특성을 가진 모든 학생이 교육받을 권리에 대한 완전한 실현을 가능하게 한다. 그리고 모든 장애 학생이 각자가 가지고 있는 잠재력을 발휘할 수 있고, 인권 및 자유의 존중을 높여 궁극적인 사회참여를 보장할 수 있게 된다.

통합교육은 장애 학생과 비장애 학생이 단순히 같은 공간에서 교육받는 것을 의미하는 것은 아니다. 진정한 통합교육은 장애에 대한 올바른 가치와 태도를 가진 시민으로 성장시키는 것을 의미한다. 따라서 학교 현장에서 교과서를 통해 전달되는 장애에 대한 지식이 무엇인지 그리고 학생이 이해하는 장애가 무엇인지를 탐구하는 것은 중요한 의미를 지닌다. 장애에 대한 올바른 인식을 갖기 위해서는 단순히 통합 환경에 학생을 노출시키는 것을 넘어 교육과정 안에 장애 이해에 관한 내용이 포함되어야 한다.

본 도서는 학교 현장에서 학생을 가르치는 교사와 교과서 연구를 수행하고 있는 연구자에게 필요한 내용을 포함하고 있다. 교육사회학자들은 교과서 지식 뒤에 숨겨진 현실을 밝히려고 노력해 오고 있다. 본 도서는 통합교육 시대에 요구되는 교과서에 대한 비판적 탐구를 진행한다. 1장에서는 통합교육 시대에 교과서와 교과서 연계 도서 연구의 중요성을 제기한다. 2장에서는 통합교육 시대에 요구되는 장애 요인 이론화를 설명한다. 3장은 연구 방법으로 분석 대상, 분석 자료, 분석 틀, 분석 절차를 설명하고 분석 범주화 결과를 보여준다. 또한 분석 방법으로 내용 분석과 비판적 문해의 중요성을 강조한다. 4장에서는 교과서에서 나타난 장애 관련 내용과 삽화 분석 결과를 제공한다. 마지막 장에서는 통합교육을 위한 장애 요인의 쟁점 및 과제와 교육과정을 위한 향후 발전 방향을 제시한다. 인지를 탐구하는 것은 중요한 의미를 지닌다. 장애에 대한 올바른 인식을 갖기 위해서는 단순히 통합 환경에 학생을 노출시키는 것을 넘어 교육과정 안에 장애 이해에 관한 내용이 포함되어야 한다.

content

들어가며　6

1장

문제 제기　12

1. 통합교육 시대에 요구되는 교과서
2. 통합교육 시대에 요구되는 교과서 연계 도서

2장

장애 요인 이론화　23

1. 교육과정에 대한 사회문화적 이해
2. 통합교육과 장애
3. 교과서에 나타난 장애 이미지

3장

통합교육 교과서 분석 방법　40

1. 내용 분석
2. 비판적 문해
3. 분석 대상
4. 분석 자료
5. 분석 틀
6. 분석 절차
7. 분석 범주화 결과
8. 기초 분석 결과
9. 연구의 신뢰도

4장

교과서에서 제기된 장애 관련 내용과 삽화의 의미　67

1. Ⅰ차원: 장애인이 "얼마나 고통스럽게 살고 있는지"
2. Ⅱ차원: "장애인을 도와주는 사회복지사가 되고 싶어요."
3. Ⅲ차원: "정말 강하고 힘이 넘치는" 장애인
4. Ⅳ차원: "인간다운 삶을 위한 기본권을 보장받아야" 하는 장애인

5장

시사점 및 과제　100

1. 통합교육을 위한 장애 요인의 쟁점 및 과제
2. 교육과정 개정을 위한 향후 발전 방향

마치며　111

참고 문헌　113

1장. 문제 제기

장애 학생의 교육 기회 확대와 더불어 교육과정 개정을 통해 장애에 대한 올바른 문화를 만들어 나가야 한다는 주장은 국제 사회에서 지속적으로 강조되고 있다. 1994년 유엔은 장애인의 기회 평등에 관한 표준 규칙을 통해 모든 국가는 "교육과정 개발을 통해서 장애인의 교육 참여를 높여야 한다(United Nations, 1994: 15)"라고 지적하고 있다. 그리고 2006년 장애인권리협약 제24조는 모든 수준에서의 통합교육체계를 보장하고 장애인의 교육에 대한 권리의 완전한 실현과 잠재력, 존엄성, 인권 및 자유의 존중과 사회참여를 보장하고 있다(변용찬 외, 2006).

한국은 2015 개정교육과정 총론에서 평등한 교육 기회 제공의 중요성을 지적하고, 학교 교육 현장에서 교육과정을 편성하고 운영하는 데 있어서 소외되는 학생이 없어야 한다고 강조한다(교육부 2016a, 2016b, 2016c). 그리고 2015 개정교육과정의 방향은 교육에서의 통합뿐만 아니라 교육 기회 제공을 통해 특수교육 대상자를 포함한 모든 학생의 사회적 통합을 목표로 하고 있다.

1. 통합교육 시대에 요구되는 교과서

2017년 시행된 「장애인 차별금지 및 권리구제에 관한 법률」 (이하, 장애인차별금지법)은 장애 학생에 대한 '괴롭힘'의 문제가 학교 차원에서 다루어져야 하고, 장애에 관한 불리한 대우를 조장하는 이미지가 제공되지 않도록 학교에 의무를 부과한다. 또한 2007년 시행된 「장애인 등에 대한 특수교육법」(이하, 특수교육법)은 통합교육을 지원하기 위해 일반 학교의 교원을 대상으로 특수교육 관련 교육 및 연수를 정기적으로 실시해야 하고, 이러한 과정에는 특수교육대상자 인권의 존중에 관한 내용이 포함되어야 한다는 의무를 부과한다. 2007년 특수교육법이 시행된 이후 통합교육에 대한 이해가 사회 안에서 넓어지고 있다. 통합교육은 장애 아동을 일반 학교에 단순히 물리적으로 통합하는 것으로 이해되고 있다. 하지만 통합교육은 장애 아동과 비장애 아동의 물리적 통합과 더불어, 장애와 관련한 가치와 편견을 감소시키는 교습법을 통해 통합적인 교육 환경이 보장되어야 한다(조주희, 박문석, 2019a; 조주희, 박문석, 2019b; Oliver & Barnes, 2010). 그러나 정책적 맥락이 없더라도 교과서가 장애를 이해하는 방식과 그것이 묘사되고 학습자에게 전달되는 방식을 점검하는 것은 중요하다. 사회에서 이해되는 장애에 대한 인식은 아동·청소년의 인식에도 반영되어 나타난다. 대구 지역 초등학교, 중학교, 고등학교에 다니는 비장애 학생 3,126명을 대상으로 시행된 설문조사 결과를 살펴보면, '장애인'이라는 말을 듣거나 보았을 때, 불쌍한 사람(52%), 도와줘야 하는 사람(26.5%), 바보(4.1%) 등의 이미지를 제일 먼저 떠올렸다(정은, 2005). 같은 맥락에서 장애인은 열등감을 가지고 있고(33.8%) 학습활동 시간에 배려해야 하는(40.9%) 존재로 인식하고 있었다. 또한, 장애인을 만나면 무섭다고 느낄 때가 있다는 학생도 상당수(43%) 존재했다.

초등학교 학생과 중고등학교 학생이 장애인의 의미와 장애의 가치에 대한 인식이 다르지 않다는 것은 저학년 때 갖게 된 생각이 고학년으로 가면서도 공고해지고 있다는 사실을 반영한다(류현종, 2019). 이러한 과정에서 현상에 대한 특정 프레임을 구성하는 형식적 교육과정은 특정 문화와 공식적으로 인정된 지식을 규정한다는 점에서 중요하다(Apple, 1993). 교과서는 의도적이든 혹은 의도적이지 않든, 어떤 지식은 선택하고 또 다른 지식은 선택하지 않는다(Apple, 2014).

2018년 시행된 제5차 특수교육발전 5개년 계획은 "유·초·중·고 학생을 대상으로 장애이해교육을 의무로 실시하여 장애인식 개선을 통한 장애 공감 문화 확산" 정책을 마련하였다(교육부,

2018: 59). 2019년도 기준으로 특수교육대상자 수는 약 9만 명이 넘었으며, 그 가운데 70%에 해당하는 6만 명 이상이 일반학교에서 통합교육을 받고 있다 (교육부, 2020). 제5차 특수교육발전 5개년 계획의 시작으로 모든 교육 수준에서 장애이해교육이 연 2회 제공되어야 하지만, 장애에 대한 인식은 여전히 매우 낮은 것으로 보인다. 일반학교에 다니고 있는 장애 학생의 11.7%는 다시 특수학교로 전학 가고 있는 것으로 확인되고, 대부분 또래에게 따돌림을 당하거나 놀림을 당하지 않을 것 같다는 이유 때문이다(국립특수교육원, 2017). 보건복지부(2020)에 따르면 장애인의 50.7%는 학교생활 중에 또래 학생으로부터 차별을 경험하고 있다고 밝히고 있다. 장애인 인구 집단의 자살 현황을 다룬 전문 통계자료나 장애인 가족의 자살에 대한 선행연구가 국내에 거의 전무하다고 지적되기 때문에 자살의 원인을 알 수는 없지만, 장애인 자살 예방을 위한 사례 연구를 진행한 정부 보고서에 따르면 10세에서 19세 사이 아동·청소년의 15.5%가 고의적 자해(자살)로 사망하고 있다고 보고한다(한국장애인개발원, 2017). 장애인차별금지법이 장애를 이유로 집단 따돌림이나 비하를 유발하는 언어적 표현이나 행동을 법으로 금지하고 있음에도 불구하고 여전히 학교에서 장애 학생에 대한 언어적이고 물리적인 괴롭힘이 이루어지고 있다는 사실은 낙담스럽다.

통합교육은 단순히 물리적으로 같은 공간에서 교육받는 것을 넘어 장애에 대한 올바른 가치와 태도를 가진 시민으로의 양성을 의미한다(조주희, 박문석, 2019b). 따라서 학교 현장에서 교과서를 통해 전달되는 장애가 무엇인지 그리고 학생들이 이해하는 장애가 무엇인지를 탐구하는 것은 중요한 의미를 지닌다(김태림, 김두희, 2020). 같은 맥락에서 정대영, 이무숙, 하창완(2019)은 장애에 대한 올바른 인식을 갖기 위해서는 단순히 통합 환경에 학생들을 노출시키는 것을 넘어 교육과정 안에 장애 이해에 관한 내용이 포함되어야 한다고 지적한다. 따라서 교육과정을 반영한 교과서가 전달하는 장애에 관한 지식이 무엇인지를 탐구하는 것은 학문적으로 그리고 실제 학교 환경에서도 매우 의미 있는 작업일 것이다.

2007년 「장애인 등에 대한 특수교육법」(이하, 특수교육법)의 시행으로 한국 사회는 장애 학생과 비장애 학생의 단순한 물리적 통합을 넘어, 장애 학생이 모든 교육과정에 참여하고 배제되지 않도록 규정하고 있다. 이와 더불어 「장애인 차별금지 및 권리구제에 관한 법률」(이하, 장애인차별금지법)은 교육 환경에서 장애 차별적인 지식이 전달되지 않도록 학교에 의무를 부과하고 있다. 또한, 「장애인복지법」 제25조 2항은 학생을 대상으로 한 장애인에 대한 인식개선을 위한 교육 실시를 법률로 규정하고 있다.

그러나 현재 한국 사회가 통합교육의 방향으로 나아가고 있음에도 불구하고 장애인에 대한 부정적인 인식은 계속되고 있다.

국가인권위원회(2014)가 진행한 통합교육에서의 장애 학생 교육권 실태 조사 연구에서 절반 이상의 장애 학생이 인권침해를 경험해 본 적이 있다고 응답하였다. 장애 학생이 학교나 사회에서 배제되는 가장 큰 원인은 장애에 대한 부정적인 인식에 의한 것으로 장애이해교육은 학교 환경에서 장애에 대한 올바른 지식을 전달하는 데 중요한 역할을 한다(강윤주, 2015; 정광조, 이대식, 2014; 최성규, 김정규, 구명성, 2015).

2. 통합교육 시대에 요구되는 교과서 연계 도서

도서에 나타난 장애, 장애인, 장애인관에 대한 탐구의 중요성이 부각되고 있다(김정한, 2005; 김해옥, 2006; 김태림, 김태희, 2020). 이러한 연구들은 학교에서 사용되고 있는 교과서 연계 도서를 통해 전달되는 장애에 관한 지식이 부정적인 내용에서 긍정적인 내용으로 변화되고 있다는 점을 파악할 수 있게 해 주며, 장애인에 대한 관점의 변화가 통합사회로 나아가는 데 기여하고 있다는 사실을 보여준다는 점에서 중요하다. 그러나 장애를 바라보는 관점의 변화를 나타내는 장애의 사회적 모델을 차용하여 여전히 지속되고 있는 장애에 관한 편견과 고정관념에 대한 지식이 무엇인지에 관해서 뚜렷하게 제시하고 있지 않다는 한계를 지닌다. 장애의 사회적 모델은 특수교육법과 통합교육의 근간이 된다는 점에서 교육학 분야에서 장애를 탐구하는 학자들이 현재 장애의 불평등을 가장 잘 설명하고 있는 이론이라고 보고 있다(조주희, 박문석, 2019b).

최근 들어 장애 인식을 개선하기 위한 교육 전략의 하나로 장애 관련 도서를 활용하는 방식의 효과성이 강조되고 있다(박정희, 2003; 서희선, 권현수, 2009; 부소정, 2011). 장애 이해 교육에 도서의 활용이 효과적인 이유는 학생들이 쉽게 접근할 수 있으며 장애인에 감정 이입하여 간접적으로 경험한 장애를 내면화할 수 있는 도구이기 때문이다(조현진, 강영심, 2011). 따라서 장애와 관련한 도서에서 드러나는 장애인의 특성, 장애인의 역량, 장애인에 대한 태도에 관한 연구들이 이어지고 있다(김미정, 최은아, 2006; 김정화, 김봉선, 강은진, 2009; 김성희, 2011; 전유영, 이은영, 2012). 이러한 연구들은 사회에서 지속되는 장애에 대한 고정관념과 편견이 무엇인지에 대해 환기하는 작업을 했다는 점에서 의미 있다. 그러나 학교 교육을 통해 전달되는 장애에 대한 부정적인 지식이 형성하는 장애에 관한 인식이 무엇인지에 관해 논의하지 않고 있다.

현재 한국의 교실 환경은 사회적으로 다양한 배경을 가진 학생의 증가를 보이며, 교육과정을 통해 다른 능력의 가치에 대한 중요성을 강조한다(조주희, 박문석, 2019c). 같은 맥락에서, 장애에 대한 긍정적인 인식을 갖도록 하는 교육 방법으로 도서 활용이 지속적으로 강조되고 있다(조혜진, 2004; 권택환, 2006; 박성애, 2018). 그러나 동시에 유아·청소년을 대상으로 한 도서가 장애에 대한 정보를 제공하는 데 한계를 갖고 있다는 점에서 장애차별적인 인식을 전달할 수 있다는 문제점이 지적되고 있다(송혜영, 2010).

장애 이해 교육에 대한 정책적인 중요성을 찾지 않더라도, 청소년에게 장애에 대한 올바른 인식과 긍정적인 태도를 가르치고 올바른 시민으로 성장시키기 위한 관심은 중요하다. 현재 한국의 유·초·중·고등학교에서는 장애 인식개선 교육이 인터넷을 통한 원격 교육이나 체험 교육의 다양한 방식으로 이루어지고 있다. 이와 더불어 책을 활용한 장애 이해 교육이 효과적이라는 학계의 권고와 함께 장애인에 대한 올바른 지식을 전달하기 위해 도서를 이용한 교육 방식이 학교 현장에서 시행되고 있다(이윤지, 서화자, 2019; Praiter, 1999).

따라서 교과서와 연계된 도서를 통해 장애와 관련하여 학생들에게 전달되는 지식이 무엇인지에 관해 탐구하는 것은 중요하다. 청소년 시기에 갖게 된 장애인에 대한 인식은 이후 개인이 성인이 되었을 때 장애인을 대하는 태도를 결정하는 데 큰 영향을 주기 때문이다(김성희, 2020; Shah, 2008). 특히 교과목 중에서 장애에 관한 많은 내용이 포함되고 있고, 이러한 이유로 중요한 분석의 대상이 되고 있는 교과서와 연계되어 학생들이 접하게 되는 도서에 대한 연구가 요구된다(조주희, 박문석, 2019c).

교육부는 2015 개정 교육과정에서 시민에게 요구되는 가치와 태도를 가지고 공동체 발전에 적극적으로 참여하는 능력인 공동체 역량의 발전을 중요시한다(교육부 2016a; 2016b; 2016c). 도서라는 학습자원은 교과과정과의 연계를 통해 학생에게 다양한 사회적 상호작용을 촉진함으로써 통합교육과정에 긍정적인 영향을 미친다(송기호, 2006).

교육은 학생들이 사회와 문화 현상에 관해 정확하게 이해하고 한국 사회에서 요구되는 가치와 태도를 익혀 민주 시민양성을 목표로 한다(교육부 2016a; 2016b; 2016c). 자신이 속한 집단이나 사회의 특성에 따라 다른 집단이나 사회를 보는 관점에 차이가 나기 때문에, 각 사회가 가진 신념이나 사회적 가치에 대한 세대 간 전달은 사회 유지를 위해 매우 중요하다. 따라서 학생들은 각 사회가 가진 문화와 관습을 교과서에서 상징적 학습으로 습득하고 사회적으로 공유하는데 이러한 과정을 사회화라고 부른다(Apple, 2014). 아동·청소년기에 접한 텍스트를 통해 전달된 지식은 사회화 과정을 통해 성인이 된 이후 개인의 특정한 가치와 태도를 형성하는 데 영향을 준다는 점에서 매우 중요하다.

성공적인 통합교육은 장애 학생과 비장애 학생이 사회적 관계를 맺으며 모든 교육 활동에 참여할 수 있는 기회의 제공을 기반으로 한다(조주희, 박문석, 2019a; 2019b). 이러한 이유로 장애 학생이 비장애인과 동등하게 교육받을 수 있는 권리에 대한 이해를 높이기 위해 최근 학교 현장에서 독서 자료를 통한 장애이해 교육이 활발히 진행되고 있다(국립특수교육원, 2020).

통합교육 분야에서 가장 활발히 이루어지고 있는 학문적 고민은 학교 구성원(비장애 학생, 교사 등)의 장애 학생에 대한 인식 변화이다(박용조, 2003; 구정화, 2013; 박가나, 2016). 올바른 독서 자료를 제공하는 것은 장애 아동이 자신에 대한 긍정적인 가치관을 갖도록 하는 데 주요하게 기여하고 있으며, 장애와 관련한 책을 읽은 비장애 학생이 그렇지 않은 비장애 학생보다 장애에 대한 긍정적인 태도 변화를 보인다고 지적한다(조현진, 강영심, 2011; 최성규, 김정규, 구명성, 2015). 이렇듯 교과용 연계 도서를 통한 장애이해교육이 장애에 관한 올바른 인식을 갖게 하는 데 긍정적인 효과를 보인다는 결과는 확인되고 있지만, 실제로 교과용 연계 도서가 전달하는 내용에 관해 구체적으로 탐구되지는 않고 있다.

장애와 관련한 도서에 접근한 비장애 학생은 그렇지 못한 비장애 학생과 비교하여 장애 학생을 또래 집단의 구성원으로 받아들이게 된다(윤은경, 2008; 박지원, 강영심, 조혜선, 2010; 이복순, 강영하, 남윤석, 2010). Shah(2008)는 장애와 관련한 도서 자료에 접근한 비장애 학생은 장애를 가진 친구가 교실 안에만 존재하는 것이 아닌 우리 사회의 동등한 구성원이라는 인식을 갖게 된다고 지적한다. 이것은 도서를 통해 제공되는 텍스트가 단순히 학생의 문해력과 이해력에 기여하는 것을 넘어 교육적인 역할을 하고 있다는 사실을 보여준다.

2장. 장애 요인 이론화

1. 교육과정에 대한 사회문화적 이해

학교 교육과 불평등에 대해 교육사회학적 접근을 시도한 연구자들은 교육이 일어나고 있는 현장에 대한 이해가 필요하다고 지적하면서, 교사와 학생의 상호작용 안에서 전달되는 지식인 교과과정 탐구의 중요성을 강조한다(오욱환, 2006; Stromquist, 1990). 이들은 교육과정을 통해 전달되는 지배 이데올로기를 지적하면서 '학교에서 가르치는 지식이 어떻게 한 사회의 지배집단 이데올로기를 반영하는가?'라는 문제를 제기한다(Apple, 2014). 사회문화적 맥락에서 교육과정 분석을 시도한 연구들은 학교가 어떤 지식을 선택하고 가르치는지 그리고 이러한 행위가 권력 구조와 어떻게 연관되어 있는가를 밝혀야 한다고 강조한다(주동범, 김정희, 정일환, 2002). 따라서 교육사회학자들은 '학교의 교육과정에 어떤 집단의 지식이 선정되었는가?'라는 질문을 중요한 연구과제로 제시한다. 이러한 질문에 대한 답을 탐구하면서 교육과정이 어떤 집단의 이익에 봉사하는가를 밝힐 수 있다는 것이다. 이와 같은 연구는 문화사회학의 일부로서 지식이 사회적으로 구성된다고 주장한다. 즉, 대부분의 지식은 역사적·사회적으로 구성되며 사회집단이 처한 상황에 따라 다르게 인식된다는 것이다. 조선시대에 장애를 가진 사람들은 비하의 의미를 담고 있지 않았던 몸에 병을 가진 사람인 '병신(病身)'이었지, 무엇인가를 못하는 사람이라는 의미인 장애인(the disabled group of people)은 아니었다([그림 1]).

[그림 1] 김준근(1900년경), 병신, 모스크바 국립동양박물관

교육학 분야에서 장애를 사회문화적 관점에서 연구하는 사회학자들에 따르면 현대 사회의 장애차별적 이데올로기는 자본주의 사회에서 평가절하되는 가치인 장애에 대한 차이, 의존성, 수동성에 대한 생각을 포함하고 있으며 장애인을 사회와 국가에 기여하는 시민으로 고려하지 않고 있다고 지적한다(Shakespeare, 2014). 즉, 장애를 사회문화적 관점으로 이해하면 장애인은 근대 자본주의 사회의 등장과 함께 탄생했으며, 장애란 그 사회의 지배적 이데올로기를 통해 사회적으로 구조화되고 문화적으로 재생산되는 것이다(Oliver, 2009b).

이렇듯 사회문화적 관점에서 장애를 해석하면서 교과서가 전달하는 장애에 관한 내용을 비판적으로 분석한 연구는 지속적으로 이루어지고 있다. 이들은 학교에서 가르치는 지식과 교육과정이 사회적 불평등을 매개하는 중요한 요소임을 지적한다. 2007년 개정교육과정 교과서의 장애 관련 내용을 분석한 연구들(곽정한, 2011; 배은희, 2012; 서정희, 2016)은 주로 장애를 나타내는 어휘, 장애 유형, 교과서 내용에서 드러나는 장애인의 비중 등에 대한 빈도 분석을 시행함으로써 교과용 도서의 내용이 장애 인식 측면에서 장애인은 의존적이고 무능력하다는 고정관념이 지속되고 있다는 점을 지적한다. 또한, 2007년 개정 교육과정 교과서에서 자주 다루지 않았던 교과 영역인 과학과 체육을 포함하여 각 교육 수준에서 장애에 관한 내용을 교육사회학적 측면에서 분석한 연구(조주희, 박문석, 2019c)는 교과서가 포함하고 있는 장애차별적인 관점을 밝히고 학교가 장애 학생을 교육의 대상으로 보지 않고 있다고 지적한다.

이후 2015 교육과정이 개정되면서 초등학교, 중학교, 고등학교 수준에서 이루어지는 다양한 교과 영역의 교과서를 포괄적으로 탐색한 연구들(김수연, 이대식, 2012; 박가나, 2016; 조주희, 박문석, 2019c)이 이어져 오고 있다. 이 연구들은 교과서에서 장애의 문제를 개인이 아닌 사회에서 찾으려고 하는 단서를 제공함으로써 장애에 대한 인식이 의료적 모델에서 사회적 모델 중심으로 변화되어 가고 있다는 사실을 보여준다. 그리고 동시에 교과서에서 발견되는 언어적 편견, 장애에 대한 편견, 장애 지식에 관한 불가시성(invisibility)에 대해 비판적으로 지적한다. 또한, 교과서의 내용이 전반적으로 장애인을 복지에 대한 수혜의 대상으로 그리고 있다는 점에서 여전히 장애차별적인 문화를 재생산하고 있다고 밝히고 있다. 그러나 교과과정을 사회문화적인 관점으로 분석한 연구들은 대개 교과서를 구성하는 문자에 대한 탐구를 하고 있으며 시각적인 형태로 제시되는 삽화에 대한 분석은 일부만 제시되거나 아예 무시되기도 한다.

삽화는 단순히 문자를 보조하는 역할만 하는 것이 아니라, 사회를 바라보는 관점을 반영함으로써 지식을 전달한다는 점에서 당시의 사회문화적 맥락과 긴밀하게 연결되어 있다(조영복, 2017).

시각적인 이미지에 관해 비판적으로 탐구한 Sontag(2011)은 우리 사회에서 장애인으로 분류되는 다운증후군을 가진 사람들이 유쾌하게 즐기고 있는 사진을 보여준다. 그리고 이러한 사진을 본 비장애인들은 장애인이 불행하리라고 상상할 테지만 그렇지 않다는 점에서, 사진은 우리에게 현실을 가리는 거짓된 이미지를 만들기도 하고 무엇이 볼만한 가치가 있는가에 대해 알려주기도 한다고 지적한다([그림 2]). 그녀는 '본다는 것'은 '경험하는 것'이라는 점에서 시각적인 이미지가 전달하는 지식에 대한 비판적 분석의 중요성을 강조하였다. 교육과정 연구자들은 사회적 약자와 소수자의 관점을 이해하기 위해서 '경험'의 중요성을 강조하였고, 간접적인 경험이 교과서의 텍스트를 통해 이루어질 수 있음을 강조한다(구정화, 2010; 박가나, 2017, 박성희, 2006; 이진석, 김혜현, 2005).

[그림 2] Diane Arbus(1970-1971), 불편한 진실, Untitled(6)

 학교가 교육과정을 통해 전달하는 지식이 기존의 사회질서와 지배구조를 재생산한다는 점에서 소수의 문화 그리고 비주류의 문화를 배제하고 있다는 논의는 애플(Apple, 2014), 영(Young, 1990), 부르디외(Bourdieu, 1993), 켈리(Kelly, 1986)와 같은 학자들에 의해 교육사회학적인 이론으로 발전되었다. 따라서 학교 지식을 대표하는 교과서가 전달하는 지식이 무엇인가를 탐구하는 것은 그것이 사회의 문화적 가치와 긴밀하게 연결되어 있기 때문에 매우 중요하다(김경근, 2004). 교과서는 합법적으로 인정된 지식 전달의 매개체로써, 특정한 정보와 생각을 선택적으로 학생에게 전달한다(Apple, 1988). 교과서에 포함된 상징적 표현은 지배집단의 문화에 정당성을 부여하기도 하고, 특정한 문화에 대한 정보를 배제함으로써 해당 집단의 사회에 대한 중요한 기여를 무시하기도 한다(Bourdieu, 1993). 문화적 가치의 전달은 교과서의 중요한 기능인 것이 비해, 교과서가 전달하는 메시지의 역할에 관한 비판적 탐구는 많이 다루어지고 있지 않다(조주희, 박문석, 2019c).

교과서가 어떤 지식을 선택하고 가르치며, 이러한 선택적 지식 교육의 과정이 학교 밖에 권력구조와 어떻게 관련되어 있는가를 밝히고자 한 연구는 다양한 영역에서 이루어진다. Young(2009)은 지식의 계층화와 사회적 계층화의 관계에 관해 탐구하였는데, 학문중심적 교육과정의 특성이 대체로 상층계급의 문화와 연결되어 있다는 점에서 지배계급의 유지를 정당화하는 기제로 사용된다고 지적한다. 교육제도는 개인이 가진 능력에 대한 객관적인 평가를 가능하게 만든다고 여겨지기 때문에 사회적 불평등을 정당한 것으로 간주되게 한다(Young, 1990: 206). 근대사회에서 능력주의는 생산성에 큰 가치를 부여하고, 그것에 대한 기준에 비추어 능력을 평가한다(Young, 2009: 159). 류현종(2019)은 노동에 관한 지식이 형식적 교육과정을 통해 재현되는 방식에 관해 탐구하면서, 사회과 교과서가 전달하는 노동 이미지는 신자유주의적 경제의 특징적인 가치인 자유와 경쟁을 중요하게 다루는 데 반해, 공정성과 사회정의에 대한 가치는 배제한다고 지적한다. 따라서 능력주의(meritocracy)를 받아들인 자본주의 사회에서 비장애인에 비해 효율적이지 않다고 여겨지는 장애인에 대한 가치는 평가절하된다(Oliver, 2009a; Shakespeare, 2014). 이러한 능력에 대한 개념은 사회적이고 정치적인 방식으로 구성되는 것으로, 사회문화적으로 객관적이고 중립적인 능력은 신화일 뿐이다(Young, 2009: 192). 수학경진대회에서 높은 성적을 받는 데 탁월한 재능을 보이는 비장애인 과학자와 뛰어난 관찰력을 가진 자폐성 발달장애를 가진 세밀화가 중 누가 더 우월한지에 관해 어느 누구도 판단할 수 없다. 즉, 개인이 가진 특성과 활동에 관한 평가는 그것이 놓인 사회적 관계와 구조에 바탕에 둔 이데올로기적인 성격을 가진다.

부르디외에 따르면 학교가 교육과정을 통해 지식을 전달하는 방식은 외형상 공정한 제도처럼 보이지만, 교과서의 주된 특징이 자본계급의 주류 문화와 연결되어 있다는 점에서 지배계급의 이데올로기를 재생산한다(Bourdieu, 1993). 그는 학교를 통해 권장되는 특정 문화가 교육과정을 통해 지속적으로 재생산되고, 이러한 과정이 사회적으로 인정되는 문화자본을 소유한 사회계층의 재생산으로 연결된다고 보았다. 학교교육은 문화자본의 소유, 분배, 유통에 대한 구조적 불평등에 기인하고 있으며, 계급구조의 차별화를 가능하게 만드는 상징적 권력(symbolic power)의 장이라는 것이다(Bourdieu & Passron, 1977). 장애인이 사회·문화적으로 배제되는 현상에 관해 비판적으로 관찰한 Darke(2003)는 우리 사회가 가진 정상성에 대한 헤게모니가 정상적인 몸과 엘리트 문화의 의미를 정당화하고 있다고 주장한다. 조주희와 박문석(2019c)은 교과서에서 발견되는 정상성 헤게모니는 장애에 대한 환상과 신비감을 부추긴다는 점에서 장애인의 타자화에 이바지한다고 지적한다. 교육과정의 지배이데올로기적 편향성은 성별(gender)과 관련하여서도 마찬가지이다. 교육과정을 통해 성차별이 재생산되는 기제에 관한 연구들(Kelly, 1986; Stromquist, 1990)은 교과서에서 나타나는 여성의 역할이 사회적인 활동보다는 어머니의 역할 등 한정적으로 그려지고, 진취적이고 활동적인 스포츠 분야의 예문이나 삽화에서 여성은 자주 등장하지 않는다고 지적한다. 언어적으로도 역사(history)는 남성의 이야기로 표현되고, 여교사와 같이 남성을 중심에 둔 표현이 여전히 발견된다. 그러나 여성의 역할에 관해 여성 장애인이 가지는 주장은 이러한 페미니즘적 견해를 따르지 않는다(Wendell, 1996). 오히려 여성 장애인은 어머니 역할에서 배제되는 것에 대해 비판적이기 때문이다(조주희, 박문석, 2020b).

교과서는 학생들이 정치, 경제, 사회, 문화와 관련하여 기본적인 원리에 대한 지식을 습득하고 이것을 토대로 사회현상을 정확하게 인식하도록 하는 성격을 갖는다. 또한, 민주 사회 구성원에게 요구되는 가치와 태도를 지니고 민주 시민으로서의 자질을 갖추도록 하는 것을 목표로 한다. 이러한 점에서 인권과 관련하여 소수자나 사회적 약자에 대한 지식이 다루어지는 방식을 탐구하는 연구가 교과서에서 주요하게 이루어진다(구정화, 2012; 김미희, 2007; 박가나, 2016; 박성희, 2006; 이진석, 김혜현, 2005; 차진아, 2012). 이러한 연구들은 이제까지 무시되어 왔던 장애인에 대한 인권의 중요성을 강조하고, 장애를 단순히 '동정'의 대상인 아닌 '권리'의 측면에서 분석했다는 점에서 분명히 큰 의의를 가진다. 그러나 장애에 대한 현실적이고 이론적인 쟁점들에 관한 이론적 틀을 기반으로 탐구하지 않은 연구이기 때문에, 실제로 사회과 교과서에서 다루어지는 장애에 관한 지식을 바라보는 관점이 무엇인지에 관해서 설명하지 못하고 있다는 한계를 가진다. 또한, 교과서가 장애에 관해 전달하는 내용이 무엇이고, 전달하지 않는 내용이 무엇인지에 대한 분석뿐만 아니라, 장애를 가진 학생이 교육의 대상이라는 관점을 가지고 있는지에 대한 비판적 고찰도 요구된다.

장애학을 연구하는 학자들은 장애차별적인 이데올로기가 비장애인 성인 남성 중심의 사회에서 장애인에 대한 불평등에 관한 지식을 생산하고 통제하는 과정을 통해 형성된다고 지적한다(Oliver, 2009a; Wendell; 1996). 이러한 연구들은 장애를 차별하는 문화가 근대 자본주의 체제에서 더욱 강화되고 있으며,

능력주의 이데올로기를 통해 장애인의 사회적 지위가 억압받는 위치에 놓이게 되고 있음을 강조한다.

교과서는 교육적인 담론을 통해 특정 시대와 사회의 문화적 메시지를 전달하는 매개체의 역할을 한다(김신일, 2015). 따라서 교육과정은 지배 집단의 지식과 가치를 정당화하는 역할을 한다(Apple, 2014). 최근까지 학교에서 사용되는 교과서는 건강한 남성이 지배하였고, 장애인은 배제되었다(조주희, 박문석, 2019c). 또한, 교과서가 전달하는 장애에 관한 이미지는 지식을 전달하는 중요한 도구라는 점에서, 텍스트 연구가 이루어지고 있지만 삽화를 분석 사례로 적극적으로 다루는 연구는 보이지 않는다. 사회과 교과서는 정치와 법, 사회와 문화의 학문 영역을 포함한다는 점에서 소수자에 관한 인권과 불평등에 관해 관심을 가지고 있지만 2007년 특수교육법 개정이 되어서야 장애와 관련한 영역을 적극적으로 개선해 나가고 있다(교육부, 2016a, 2016b, 2016c).

2. 통합교육과 장애

2010년 국가인권위원회는 교과서 내용에 반장애차별적인 내용을 삭제하고, 장애인에 대한 긍정적인 이미지를 전달하는 것이 주요하게 고려되어야 한다고 지적한다. 이에 따라 2019년 제5차 특수교육발전 5개년 계획은 "장애공감문화 확산 및 지원체제 강화"를 주요 추진 과제로 삼고, 장애 학생에 대한 인권 친화적인 분위기의 학교 조성 지원을 확대하고 있다(교육부, 2017; 59). 그리고 교육부(2017)는 인권 친화적 교과서의 중요성에 따라 교과교육 내용 개정의 필요성을 제기한다. 2015 개정 교육과정 구성의 방향은 타인의 경험 및 인간에 대한 공감 능력과 다양한 가치에 대한 존중을 기반으로 한 민주시민으로의 교육을 포함한다(한국교육과정평가원, 2015; 87). 또한, 유치원, 초등학교, 중학교, 고등학교 학생을 대상으로 장애이해교육을 의무적으로 실시할 것을 요구한다.

인권 친화적 교육 환경 조성을 위한 논의는 교육과 소수자에 관한 연구에서 주로 다루어진다(구정화, 2013; 구정화, 조난심, 강명숙, 설규주, 2007; 박가나, 2016; 박용조, 2003; 설규주, 2013; 설규주, 은지용, 2016; 유병열, 2012; 은지용, 설규주, 2016; 이정주, 성열관, 2011; 조태원, 2010; 최형찬, 2015). 특히, 통합교육 연구에서 장애 학생에 대한 연구가 오랫동안 다루어지고 있다(김성애, 2013; 조주희, 박문석, 2019a; 2019b). 국립특수교육원(2019; 2020)은 장애인식 개선을 위해 학교 환경에서 장애 관련 자료가 다양한 매체를 통해 학습자에게 제공되어야 한다고 지적한다. 장애와 관련된 이미지가 포함된 교실 환경에서 교육받은 아동은 성인이 된 이후에 장애인에 대한 수용의 정도가 더 높게 나타난다(Shah, 2008). 그리고 교실 환경에서 제공되는 장애에 관한 이미지는 장애 아동의 자존감을 높이는 데 긍정적인 영향을 준다(정광조, 이대식, 2014). 학교는 학습자가 교육을 받는 물리적 공간을 넘어서 교실 환경을 통해 특정한 메시지를 전달한다(유선영, 이효정, 2016). 이렇듯 교육 환경의 중요성을 고려할 때 교육과정 안에 장애와 관련한 텍스트가 포함되는 것은 매우 중요하다. 통합교육이란 장애 아동과 비장애 아동이 동일한 물리적 공간에서 학습한다는 단순한 개념이 아니다(Corbett, 2001). 통합교육은 비분리를 원칙으로 하고, 역할을 가진 모든 구성원의 조화를 추구하는 공동체 교육이다(정대영, 2005). 완전 통합교육은 장애와 관련된 내용을 제공하는 교육 환경 안에서 교사와 학생이 모두 장애의 가치를 받아들이고 편견을 없애기 위한 노력을 할 때 이루어진다(김성애, 2013; 조주희, 박문석, 2019c).

교과서에서 재현되는 장애에 대한 연구자의 관심은 완전 통합교육에 대한 이해와 직접적으로 관련이 있다. 2007년 「장애인 등에 대한 특수교육법」 시행 이후 완전 통합교육의 목표를 달성하기 위해서는 장애에 대한 올바른 정보과 가치 있는 지식을 전달하는 교과서가 필요하기 때문이다(신현기, 2011; 이대식, 2006). 따라서 완전 통합교육에 맞는 교과서 사용의 필요성을 지적한 연구에 대해 알아보고자 한다. 먼저 장애에 대한 올바른 지식을 전달하는 교과서 사용의 중요성을 지적하고 있는 연구물을 검토하였다. 장애의 모습을 제대로 묘사하지 못한 텍스트는 장애인이 사회에서 중요하지 않고 가치가 낮은 구성원이라는 메시지를 전달한다(김수연, 이대식, 2012; 박남수, 2004; 유선영, 이효정, 2016).

교실 환경에서 장애 관련 자료를 제공하는 것은 사회적 다양성을 반영함으로써 '다르다'는 것은 '틀린 것'이 아닌 또 다른 '능력'이라는 사실을 학습자가 깨닫게 하고, 구성원 모두에게 장애에 대한 긍정적인 가치를 부여할 수 있도록 해준다. 이러한 과정을 통해서 장애 아동은 긍정적인 자아상을 가지게 된다는 점에서 올바른 장애 관련 지식을 전달하는 것은 교육에 있어서 매우 중요하다(유선영, 이효정, 2016). 장애 관련 텍스트를 포함하고 있는 교과서의 사용은 장애에 대한 올바른 가치를 전달하기 위한 교수 전략의 한 부분으로 강조되고 있다(국립특수교육원, 2003). 장애 관련 자료가 포함된 교과서는 비장애 학습자에게 장애인의 삶에 대한 정확한 정보를 제공하고, 장애인이 교실 안에만 존재하는 것이 아닌 우리 사회의 가치 있는 구성원이라는 사실을 인식함으로써 장애에 대한 긍정적인 태도를 갖게 한다(권택환, 김수연, 박은영, 이유훈, 2003).

비장애 학생을 대상으로 장애 텍스트의 효과를 탐구한 연구들은 장애에 대한 올바른 자료를 포함한 교과서 사용의 중요성에 대한 주장을 뒷받침한다. 박화연, 김경숙(2009)과 이효신(2003)은 장애를 시각적으로 보여주는 미디어의 사용이 비장애 아동의 태도에 긍정적인 영향을 미친다고 지적한다. 그리고 교과서와 연계한 장애교육은 비장애 학생의 장애인권감수성, 장애인식, 장애수용태도에 긍정적인 영향을 준다(박동환, 이재신, 2017). 따라서 교과서는 장애의 가치를 바르게 인식하고 장애인에 대한 긍정적인 태도를 가지게 만드는 주요한 역할을 한다. 예를 들어 유선영, 이효정(2016)의 연구는 장애와 관련한 활동 교육이 포함된 교과서는 장애 아이들과 비장애 아이들이 또래 집단을 형성하는 데 유용한 교수 전략이라고 지적한다. 이러한 연구들은 주로 아동 발달과 교육과정 구성에 대한 담론을 형성한다.

Apple(1993)은 교과서 역할에 대한 의미 있는 지적을 한다. 교과서에 선택된 것은 정당한 지식과 문화가 되고, 이러한 과정에서 선택되지 못한 지식은 그 지위를 상실한다(Apple, 1993; 117). 그는 평등의 정치적인 측면에서 교과서의 권력에 대해 지적한다. 교과서의 내용은 누가 무엇을 가르칠 것인가를 결정할 수 있는 집단에 의해 선택되고, 선택된 지식은 사회적으로 정당화되고 가치 있는 것으로 여겨진다. 교과서는 한 집단의 문화자본이 특정한 지위를 확보하는 데 주요한 역할을 한다. 이것은 교과서가 학생들의 장애에 대한 인식을 구성하는 데 중요한 역할을 한다는 사실을 시사한다.

3. 교과서에 나타난 장애 이미지

　교과서를 통해 학습자는 장애에 대한 태도를 형성하게 된다는 점에서 교과서에서 묘사되는 장애와 장애인의 역할에 대한 조사는 계속 이루어져야 한다(국립특수교육원, 2003). 다양한 교육수준의 교과과정 안에서 장애가 묘사되는 방식에 대한 탐구가 이루어지고 있다. 많은 연구자들(김수연, 이대식, 2012; 선혜영, 이승희, 2012)은 교실 환경에서 지식을 전달하는 가장 기본적인 텍스트인 교과서가 표현하는 장애에 관해 관심을 가져왔다. 또한 교과서에 포함된 장애에 관한 내용은 주로 비장애인 학생에게 선과 악을 가르치는 수단으로 사용되고 있다고 지적한다. 이러한 연구들은 교과서가 전달하는 장애에 관한 고정관념을 비판적으로 탐구하였다는 점에서 큰 의미를 가진다.

　특수교육개발원(우이구, 김수연, 권택환, 박은영, 2004)에서 수행한 연구들은 교과서가 전달하는 장애의 이미지에 대한 전체적인 윤곽을 제공한다. 이러한 연구들은 교과서가 포함하고 있는 장애에 관한 내용에 대한 분석의 중요성을 강조한다. 장애는 빈곤이나 괴물과 같은 이미지로 묘사된다고 지적되고 있는데,

이와 같은 텍스트는 장애인은 사회의 구성원이 될 수 없다는 인식을 학생들에게 전달한다(조주희, 박문석; 2019c). 이후 연구들은 앞의 고정관념들을 교과서 분석에 적용했으며 개정된 교과서들에서도 이러한 고정관념이 지속되고 있다는 사실을 발견했다. 또한, 장애에 관한 내용이 교과서 연구자들과 집필가들에 의해 충분히 검토되지 않는 점이 지적되고 있다(국가인권위원회, 2014). 같은 맥락에서 교과서 개정을 위한 전문가 협의회에 장애인 전문가를 특별히 포함시키고자 하는 노력이 보이지 않는다(조주희, 박문석, 2019c).

3장. 통합교육 교과서 분석 방법

아동·청소년기에 접한 텍스트를 통해 전달된 지식은 사회화 과정을 통해 성인이 된 이후 개인의 특정한 가치와 태도를 형성하는 데 주요한 영향을 준다(조주희, 박문석, 2019c). 따라서 통합교육 교과과정에서 사용되는 교과서와 교과서 연계 도서 자료에서 제시되는 장애에 관한 상징적인 의미가 무엇인지 탐구하는 것은 매우 중요하다.

1. 내용 분석

교과서와 연계 도서가 장애를 어떻게 재현하고 있는지 분석하기 위해 내용분석법(content analysis)을 사용하였다. 그러나 기존의 연구들처럼 통계자료를 통한 장애 유형에 대한 빈도 분석, 장애인에 대한 비장애인의 태도, 장애인 당사자의 장애에 대한 태도 등에 대한 분석을 통해 도서에서 제시되는 장애인의 특성을 분석하고자 하는 것이 아니다. 따라서 단순히 통계적인 수치를 분석하는 것이 아니라, 분석 요소를 텍스트의 전체적인 맥락에서 이해함으로써, 이것이 전달하고자 하는 장애에 관한 지식을 파악하고자 하였다.

2. 비판적 문해

본 도서는 교과서가 장애에 관한 특정한 지식을 전달하고 있다고 가정하고, 교과서의 내러티브를 분석하였다. 내러티브를 분석하는 데 있어서 장애에 대해 가시적으로 드러나지 않는 내용도 분석 대상으로 주요하게 고려하였다. 장애에 관해 이제까지 이루어진 담론을 비판적으로 분석하기 위해서는 비판적 문해(critical literacy)의 방식이 필요하다(류현종, 2019). 본 도서에서 비판적 문해는 연구자가 의식적으로 외부자로서 교과서를 들여다보는 것과 장애인에 감정 이입하여 교과서 읽기를 시도하는 것이다.

비판적 문해를 수행하기 위해서 장애에 관한 기존 담론을 벗어나 교과서 외부에서 읽기를 시도하는 것이 필요하다. 따라서 연구자는 장애와 관련한 논의와 다양한 관점으로 이루어진 서적들을 참고하였는데, 중등교육 수준으로 제작된 장애 관련 도서도 포함하였다. 또한 장애인 당사자의 눈으로 교과서를 바라보기 위하여 선천적으로 뇌성마비를 가지고 있는 국어국문학 박사 1명과 함께 교과서를 살펴보며 함께 논의하였다. 이러한 과정을 통해서 장애 담론의 윤곽을 그려낼 수 있었다. 이후 연구자는 장애인에 감정 이입하여 교과서와 연계 도서 읽기를 진행하였다.

3. 분석 대상

본 도서에서 분석 대상이 되는 교과서는 총 23권으로 모두 2015 개정 교육과정에 적용을 받고 있으며 초중등교육법 교과용 도서에 관한 규정을 따르고 있는 교과서이다. 구체적으로 초등학교 학년별 사회교과서 6권(교육부), 중학교 사회 1 교과서 4권과 사회 2 교과서 4권으로 총 8권(미래엔, 지학사, 동아, 금성), 그리고 고등학교 통합사회, 정치와 법, 경제 교과서 각 3권씩 하여 총 9권(미래엔, 지학사, 비상교육)이다. 분석 대상 사회과 교과서 23권에 대한 구체적인 내용은 〈표 1〉과 같다.

수준	교과서명	출판사	단원명
초등학교	사회 1-2	교육부	없음
	사회 2-2		없음
	사회 3-2		Ⅲ. 가족의 형태와 역할 변화 2. 다양한 가족이 살아가는 모습
	사회 4-2		Ⅳ. 사회 변화와 문화의 다양성 2. 다양한 문화에 대한 존중
			Ⅳ. 사회 변화와 문화의 다양성 2. 다양한 문화에 대한 존중
			Ⅳ. 사회 변화와 문화의 다양성 2. 다양한 문화에 대한 존중
			Ⅳ. 사회 변화와 문화의 다양성 2. 다양한 문화에 대한 존중
	사회 5-2		없음
	사회 6-2		없음
중학교	사회1	미래엔	Ⅶ. 개인과 사회생활
			Ⅷ. 문화의 이해
			Ⅸ. 정치생활과 민주주의
			Ⅹ. 정치과정과 시민참여
			Ⅺ. 일상생활과 법
	사회1	지학사	Ⅻ. 개인과 사회생활
			Ⅸ. 정치 생활과 민주주의
	사회1	동아	Ⅰ. 내가 사는 사회
			Ⅻ. 개인과 사회생활
			Ⅸ. 정치 생활과 민주주의
	사회1	금성	Ⅰ. 개인과 사회생활
	사회2	미래엔	Ⅰ. 인권과 헌법
			ⅩⅢ. 사람이 만든 삶터, 도시
	사회2	지학사	Ⅰ. 인권과 헌법
			Ⅱ. 헌법과 국가 기관
	사회2	동아	Ⅵ. 국제 사회와 국제 정치
	사회2	금성	Ⅰ. 인권과 헌법
			Ⅹ. 환경 문제와 지속 가능한 환경

수준	교과서명	출판사	단원명
고등학교	통합사회	미래엔	Ⅰ. 인간, 사회, 환경과 행복
			Ⅲ. 생활 공간과 사회
			Ⅳ. 인권 보장과 헌법
			Ⅴ. 시장 경제와 금융
			Ⅵ. 사회 정의와 불평등
	통합사회	지학사	Ⅳ. 인권 보장과 헌법
			Ⅴ. 사회 정의와 불평등
	통합사회	비상교육	Ⅲ. 생활 공간과 사회
			Ⅵ. 인권 보장과 헌법
			Ⅵ. 사회 정의와 불평등
	정치와 법	미래엔	Ⅰ. 민주주의와 헌법
			Ⅲ. 정치 과정과 참여
	정치와 법	지학사	Ⅰ. 민주주의와 헌법
	정치와 법	비상교육	Ⅰ. 민주주의와 헌법
	경제	미래엔	Ⅳ. 인권 보장과 헌법
			Ⅵ. 사회 정의와 불평등
	경제	지학사	없음
	경제	비상교육	Ⅰ. 경제생활과 경제문제

〈표 1〉 분석 대상 교과서 및 분석 범위

이 도서의 분석 대상은 초등학교, 중학교 사회·문화 교과서 연계 도서 중 장애와 관련한 책이다. 교과서 연계 도서를 연구 대상으로 선정한 이유는 학생들에게 가장 자주 추천되고 쉽게 접근할 수 있는 텍스트에 초점을 맞추기 위한 것이다. 교과서 연계 도서에 내재된 장애의 상징적 의미를 밝히기 위해 분석 대상인 사회·문화 교과서 연계 도서는 다음과 같은 방법을 통해 선정되었다.

첫째, 전국 17개 교육청(서울특별시 교육청, 경기도 교육청,

부산광역시 교육청, 대구광역시 교육청, 인천광역시 교육청, 광주광역시 교육청, 대전광역시 교육청, 울산광역시 교육청, 세종특별시 교육청, 강원도 교육청, 충청북도 교육청, 충청남도 교육청, 전라북도 교육청, 전라남도 교육청, 경상북도 교육청, 경상남도 교육청, 제주특별자치도 교육청)을 통해 사회·문화 교과서 연계 도서 목록을 검토하였다.

둘째, 교육부 지정 우수 학술 도서, 국립중앙도서관 추천 도서, 서울시 교육청 추천 도서, 한국학교사서협회 추천 도서, 서울경인특수학급교사연구회, 한국도서관사서협의회 추천 도서에서 초등학교와 중학교 대상으로 최근 5년간 권장하는 도서 목록과 일치하는 목록을 검토하였다.

셋째, 17개 교육청의 사회·문화 교과서 연계 도서 목록에서 장애와 관련한 도서를 정리하고, 그중에서 장애와 관련한 기관과 단체에서 추천하는 도서와 일치하는 책이 연구 대상에서 제외되지 않도록 하였다.

연구자는 선정된 도서가 장애와 관련하여 가장 의미 있는 작품이라고 주장하지는 않지만, 위의 과정을 통해서 현재 초등학교와 중학교 학생들에게 가장 자주 추천되는 도서 목록이 설정되었다고 본다.

선정된 사회·문화 교과서 연계 도서는 총 33권으로 장애 유형별로는 지체장애(46%), 발달장애(12%), 시각장애(30%), 안면장애(3%), 청각장애(3%), 언어장애(6%)로 구성되어 있으며 성별로는 여자가 32% 그리고 남자가 68%로 구성되어 있다. 장애인을 구분하는 방식은 목발, 점자책, 휠체어 등의 장애 도구가 등장하는 삽화(64%)로 독자가 이해할 수 있게 하거나, 색깔이나 글에서 묘사하는 방식(36%)을 취하기도 한다. 특이한 점은, 한국에서 통합교육이 시작된 지 15년이 넘었지만, 초등학교와 중학교 사회·문화 교과서 연계 도서로 선정된 도서의 63%가 국외 작품이었다. 연구 대상 목록은 〈표 2〉와 같다.

번호	도서명	장애 유형	장애 도구	성별
1	무릎 위의 학교	지체장애	목발	남자
2	그래도 넌 내 짝꿍	발달장애	묘사	남자
3	내 친구 재덕이	발달장애	묘사	남자
4	엄마, 내가 자전거를 탔어요!	시각장애	점자책	여자
5	내게는 소리를 듣지 못하는 여동생이 있습니다	청각장애	묘사	여자
6	민수야 힘내	지체장애	묘사	남자
7	마법의 조막손	지체장애	묘사	여자
8	돌려 줘, 내 모자	안면장애	모자	남자
9	아영이	지체장애	묘사	여자
10	내 귀는 짝짝이	지체장애	묘사	-
11	꽃처럼 향기로운 내 동생	발달장애	묘사	여자
12	말더듬이 내 친구 어버버	언어장애	묘사	남자
13	내 다리는 휠체어	지체장애	휠체어	여자
14	흰지팡이 여행	시각장애	흰 지팡이	여자
15	벙어리 꽃나무	언어장애	묘사	-
16	내 귀는 레몬 빛	지체장애	묘사	-
17	할아버지의 눈으로	시각장애	점자책	남자
18	일곱 마리 눈먼 생쥐	시각장애	검정색	-
19	내 친구는 시각장애인	시각장애	흰 지팡이	남자

번호	도서명	장애 유형	장애 도구	성별
20	나보다 작은 형	지체장애	작은 키	남자
21	장님새우는 내 친구	시각장애	안경	-
22	돌장승에게 비단 판 바보	발달장애	묘사	남자
23	때가 되면 너도 날 수 있단다	지체장애	묘사	-
24	땅꼬마 산타클로스	지체장애	묘사	남자
25	가방 들어주는 아이	지체장애	목발	남자
26	반쪽이	시각장애	묘사	남자
27	마티유의 까만색 세상	시각장애	검정색	남자
28	네 손가락의 피아니스트	지체장애	묘사	여자
29	어떤 느낌일까?	지체장애	휠체어	남자
30	달라도 친구	지체장애	묘사	-
31	고맙습니다, 선생님	언어장애	묘사	여자
32	길 아저씨 손 아저씨	시각장애	묘사	남자
33	혹부리 할아버지	안면장애	묘사	남자

〈표 2〉 연구 대상 도서 목록

* 위 표의 장애 분류 기준은 장애인복지법 기준과 특수교육대상자 장애 유형 분류 기준을 종합하여 작성된 것이다.
** 장애 도구에 작성된 '묘사'는 장애를 색깔, 글 등으로 묘사한 부분이다.
*** 성별에 작성된 '-' 표시는 주인공이 동물이나 식물인 경우이다.

4. 분석 자료

본 도서는 교과서에서 나타난 설명 자료(본문, 평가 자료 등), 활동 자료(탐구 활동, 수행평가 등), 시각 자료(그림, 사진, 그래프 등)를 모두 종합적으로 분석하여 장애와 관련한 의미 맥락을 분석 단위로 설정하였다. 따라서 분석 단위는 설명 자료이거나 삽화와 과제 활동이 함께 제시되기도 한다.

특수교육법 시행 이후 2015년 개정 사회과 교과서가 전달하는 장애에 관한 지식이 무엇인지 알아보기 위해, 사회과 교과서에 나타난 장애인관을 분석하는 것이다. 특히, 기존에 구체적인 분석 대상으로 고려되지 않았던 장애와 관련한 삽화를 분석한다. 삽화는 그림과 사진을 지칭하며, 그것을 간략하게 설명한 내용과 인접해 있는 표제나 소제목을 포함하는 것으로 정의된다(가복현, 2001). 삽화의 표현 방식은 그림과 사진을 포함하여 만화, 도표, 도안 등이 사용되기도 한다(조영복, 2017). 따라서 본 도서의 목적을 위해서 그림과 사진을 추출하고 그것을 설명해 주는 표제, 소제목, 관련 내용을 분석 사례로 추출한다.

교과서의 삽화는 직관적 사고를 돕는 시청각 자료로서 사고력과 해석력을 키우는 데 중요한 자료이다. 또한, 교과서에서 전달하는 삽화 자료는 학생들의 사회화 및 교육에 핵심적인 영향을 주고 있으며 구체적인 연구가 필요하다(조영복, 2017; 조주희, 박문석, 2019c). 2015 개정 교과서 삽화가 전달하는 장애에 관한 지식이 무엇인지 분석하기 위해 고려된 4가지 변수는 1) 장애 유형, 2) 장애 보조 도구, 3) 성별, 4) 사회적 역할이다. 장애 유형은 특수교육법의 장애인 분류 기준에 따라 시각장애, 청각장애, 지적장애, 지체장애, 정서·행동장애, 자폐성장애(이와 관련된 장애를 포함한다), 의사소통장애, 학습장애, 건강장애, 발달지체로 분류하였다.

장애 보조 도구는 장애 유형을 드러내기도 하고 장애에 대한 올바른 정보를 제공하고 있는지 확인할 수 있게 해준다. 그리고 교과서에서 전달되는 지식은 특정한 가치를 반영하기 때문에 성별과 사회적 역할에 대한 기준도 중요하게 고려하였다(류현종, 2019; Stromquist, 1990). 삽화를 분석하기 위해 고려되는 성별 기준은 여성 장애인과 비장애인 여성이 중요하게 고려하는 젠더 이슈가 다르기 때문이다. 여성 장애인의 독립성과 관련된 육아, 어머니 역할 등에 관한 이슈는 전통적인 여성주의적 관점을 따르지 않는다(조주희, 박문석, 2020b; Wendell, 1996; Shah, 2008). 마지막으로 교과서에서 제공되는 삽화가 묘사하는 장애인의 사회적 역할이다. 이러한 기준은 통합교육의 정책적 맥락에서 나온 것이다. 2007년 시행된 특수교육법은 물리적 통합뿐만 아니라 장애 학생에 대한 올바른 진로교육 지도를 통해서 궁극적인 사회통합을 목표로 하고 있다.

5. 분석 틀

본 도서는 추출된 분석 단위를 계속적으로 검토하면서 분석 틀인 4가지 차원의 장애인관에 분석 단위들을 범주화시키는 작업을 진행하였다. 장애와 관련한 삽화가 전달하는 장애에 관한 지식은 다양하기 때문에 명확한 분석 범주를 설정하는 것은 쉽지 않았다. 따라서 제2 분석자, 제3 분석자와 함께 여러 차례 논의를 거쳐 결정하였다.

장애인관 분석을 위해서 장애에 대한 이론적 틀을 제시하는 장애인관 분석 4차원 틀을 활용하였다. 장애인관 분석 틀은 크게 장애를 개인의 문제로 보는 관점과 사회의 문제로 보는 관점으로 나누어진다.

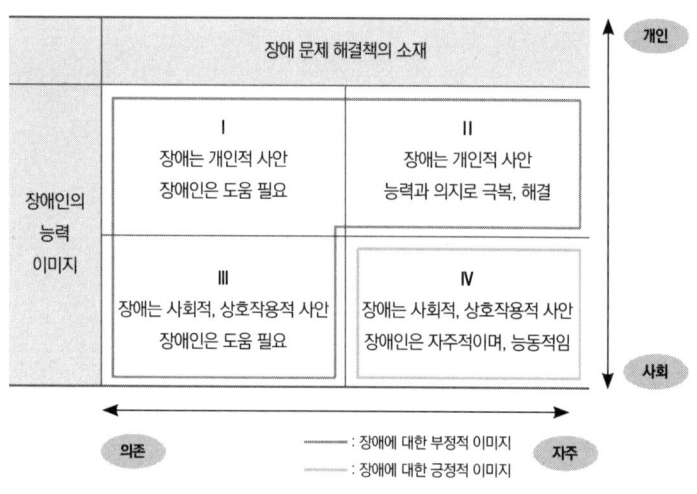

출처: 김수연, 이대식(2012: 51)을 기반으로 저자 작성

[그림 3] 장애인관 분석 틀

구체적으로는 Ⅰ차원 장애인관은 장애를 개인적인 사안으로 고려하고 있으며, 장애인은 도움이 필요한 존재라고 보는 관점이다. Ⅱ차원 장애인관은 장애를 사회적으로 상호작용을 하면서 나타나는 것으로 고려하고 있으며, 장애인은 도움이 필요한 존재로 바라보는 관점이다. Ⅲ차원 장애인관은 자주적이고 능동적인 존재로 원장애인관은 장애를 개인적인 문제로 고려하고 있으며, 개인이 능력과 의지로 극복하고 해결해야 할 것으로 바라본다. Ⅳ차원 장애인관은 장애는 사회적으로 상호작용하며 나타나는 문제로 사회장애인은 보는 관점이다. Ⅰ차원 장애인관은 장애를 의료적 모델로 바라보는 관점과 가장 유사하고, Ⅳ차원 장애인관은 장애를 사회적 모델로 해석하는 관점으로 이해할 수 있다(Oliver, 2009a).

장애인관	분석 기준
Ⅰ차원	장애는 치료와 지원을 통해 정상에 가깝게 만들어 주는 것. 장애인은 타인의 지원 없이는 정상적인 생활이 불가능한 사람.
Ⅱ차원	장애는 환경 및 주변인과 상호작용을 통해 해결하는 것. 장애인은 배려의 대상이며 일방적 수혜자.
Ⅲ차원	장애는 극복 가능한 문제로 개인이 해결해 나가는 것. 장애인은 장애를 극복한 훌륭한 위인.
Ⅳ차원	장애는 환경 및 주변인과 상호작용을 통해 해결하는 것. 장애인은 지역사회를 구성하는 보통의 사람.

출처: 김태림, 김두희(2020: 256).

〈표 3〉 장애인관 분석 기준

6. 분석 절차

① 교과서 내 내용 분석 절차

연구자의 주관성을 최소화하기 위해 다음 세 가지의 기준을 바탕으로 분석 요소를 선정하였다. 첫째, 장애에 대한 이론적 틀을 제시하는 장애의 사회적 모델이다. 이 모델은 생물학적 '손상'과 경제적, 환경적, 문화적으로 만들어진 사회적 장벽에 의한 '장애'를 구별한다(Oliver, 2009). 둘째, 텍스트가 장애에 대해 묘사하는 긍정적인 이미지이다. 이러한 기준은 통합교육의 정책적 맥락에서 나온 것이다. 2007년 시행된 장애인차별금지법은 학교에서 장애에 관한 불리한 대우를 조장하는 이미지가 제공되지 말아야 한다고 언급하고 있다. 셋째, 장애에 대한 부정적인 고정관념을 표현하는 텍스트이다. 장애 및 장애인과 관련한 내용이 각 영역별로 어떻게 반영되어 있는지 내용의 성격 및 비중을 알아보았다. 연구자는 분석 요소를 선정하고 분석하는 데 있어서 성별(gender) 요인도 고려하였다(Wendell, 1996). 교과서에서 전달되는 내용은 특정한 가치 및 태도를 반영하기 때문이다(Stromquist, 1990). 선정된 자료를 의미별로 분류하고, 관련 있는 의미들을 모아 코딩하여 범주화하였다. 이후 연구자는 코딩된 자료를 여러 차례 읽으면서 하위 범주를 구성하고 다시 범주화하였다. 선행연구 검토를 통해 예상할 수 있는 주제도 있었지만, 장애인에 대한 개인적이고 비극적인 관점으로 재현되는 장애 이미지는 연구자가 기대했던 것보다 훨씬 강하게 나타났다.

추출된 분석 요소는 반복적으로 읽으면서 공통된 의미를 종합하여 범주를 구성하였다. 분석 대상 도서에서 장애와 관련한 텍스트는 다양한 메시지를 포함하고 있다. 따라서 한 범주에만 국한되기도 하고 여러 범주에 함께 위치되기도 하였다. 교과서 연계 도서는 장애의 개인적 모델의 관점으로 상징화된 장애 이미지와 장애의 사회적 모델의 관점으로 상징화된 장애 이미지로 크게 범주화되었다.

② 교과서 내 삽화 분석 절차

교과서에서 제공되는 장애와 관련된 삽화를 분석하기 위해 2015 개정 사회과 교과서 중에서 교과용 도서에 관한 규정을 합격한 23개의 교과서를 검토하였다. 교과서에 나타난 장애 관련 삽화가 제시된 경우에 빈도수 1, 그리고 제시되지 않은 경우 빈도수 0으로 처리하였다. 교과서의 동일한 소단원과 쪽에서 여러 장의 장애 관련 삽화가 제시된 경우에 빈도수 1로 표기하지 않고, 제공된 삽화의 숫자와 동일하게 빈도수를 처리하였다. 예를 들어, 장애 인권과 관련한 쪽에서 휠체어를 탄 장애인의 뒷모습과 안경을 쓴 장애인이 등장하는 경우 빈도수 2로 처리하였다. 1차 선정 결과 총 71개의 분석 사례가 추출되었다. 분석 사례를 선정하기 위해 교과서의 처음부터 끝까지 살펴보았지만, 내용과 무관하게 책의 표지 등에 나타난 장애인의 그림은 코딩하지 않았다. 따라서 이 중 중학교와 고등학교 사회과 교과서에서 목차 이전의 페이지에서 특정한 교과 내용을 전달하지 않고 등장하는 3장의 삽화는 분석 대상에서 제외하여 최종적으로 71개를 분석 사례로 선정하였다.

장애 관련 삽화의 사례 분석에 대한 이 연구의 신뢰도를 확보하기 위해 제1 분석자인 연구자 그리고 20년 경력을 가진 교육사회학과와 특수교육학을 전공한 동료 2명을 제2 분석자, 제3 분석자로 두고 함께 삼각검증을 실시하였다(Bernard, 2013). 첫 번째 단계에서는 제1 분석자가 임의로 선택한 초등학교, 중학교, 고등학교 교과서 각 1권씩을 선택하여 제2 분석자와 제3 분석자와 함께 파일럿 분석을 수행하였다. 이 과정에서 주로 삽화에 나타난 장애인의 성별과 장애 유형 분류에서 연구자들 간에 일정 부분 불일치하는 항목이 발견되었다. 연구자들은 이와 관련하여 집중적으로 논의하였고, 성별과 관련해서는 장애인의 뒷모습만 보이거나 삽화의 색이 모두 검정색으로 칠해져 있기 때문에 성별을 직관적으로 인식할 수 없는 경우에는 모두 무성으로 처리하였다.

장애 유형과 관련해서는 2007년 특수교육법에 장애 유형으로 건강장애가 추가되었고, 2007년 개정 교과서와 비교하여 2015년 개정 교과서에 병원이라는 공간에 속한 장애인의 모습이 자주 등장한다. 본 도서의 분석 교과서에는 병원에서 휠체어를 타거나 목발을 짚고 있는 장애 아동의 모습이 등장하는데, 연구자들은 건강장애와 지체장애에 모두 해당될 수 있다고 보았다. 그러나 건강장애 유형에 정확히 분류되기 위해서 요구되는 만성질환 혹은 급성 건강 문제에 관한 구체적인 사유가 삽화 주변의 내용에 적시되어 있지 않기 때문에 결론적으로 지체장애로 분류하였다.

이러한 파일럿 스터디 과정을 통해 연구자들은 삽화를 선택하는 기준을 공유하였고, 교과서에서 분석 대상 삽화를 선정하였다. 두 번째 단계에서, 제1 연구자, 제2 연구자, 제3 연구자는 선정된 분석 대상 사례를 4가지 장애인관 유형에 따라 분류하였다. 그리고 각자 범주화한 분석 결과를 비교하여 몇 가지 엇갈린 분석에 대해 온라인 화상회의(Zoom)를 두 차례 진행하면서 논의하였고, 최종적인 분석 범주는 제1 분석자에 의해 수행되었다.

논의된 사항의 핵심은 II차원과 IV차원에서 공통적으로 나타나는 "장애는 사회적, 상호작용적 사안이다"라는 부분이었다. 장애가 생기는 원인을 사회에서 찾는다는 점에서 II차원과 IV차원은 공통된 의견을 보인다. 그러나 장애를 해결하는 부분에 있어서는 다른 견해를 나타내고 있는데, Ⅱ차원은 장애는 개인이 해결해야 하는 문제로 보고 있으며, Ⅳ차원은 사회구조적으로 장애가 해결되어야 하는 것으로 보고 있다. 따라서 휠체어로 인해 계단을 올라가지 못하고 어려움에 처한 상황에 놓인 삽화와 같은 경우 Ⅱ차원과 Ⅳ차원 중 어느 장애인관에 속해야 하는 것인지에 관해 연구자들 간 다른 의견이 존재하였다. 결론적으로 삽화 분석 연구의 의미가 삽화를 포함하여 그 주위에 놓인 주요한 내용을 포함한다는 점에서, 장애로 인해 생긴 어려움을 비장애인 위주로 만들어진 건물 구조나 법률의 미비와 같은 사회적 지원의 부족으로 보는 경우에는 Ⅳ차원의 장애인관으로 분류하였다.

③ 교과서 연계 도서 분석 절차

교과서 연계 도서 속 텍스트를 종합적으로 분석하여 장애와 관련한 의미 맥락을 분석 단위로 설정하였다. 따라서 분석 기준인 장애와 관련한 단어, 문장, 문단을 텍스트의 전체적인 맥락 안에서 이해함으로써, 장애와 관련하여 전달하고자 하는 지식의 내용이 무엇인지에 관해 분석하였다.

연구자의 주관성을 최소화하기 위해 다음의 네 가지 기준을 바탕으로 분석 요소를 선정하였다. 첫째, 장애학 담론에서 장애에 대한 이론적 통찰을 제시해 주는 장애의 사회적 모델을 연구자의 주요한 관점으로 채택하였다. 장애의 '사회적 모델'은 장애를 개인적인 비극으로 바라보는 장애의 '개인적 모델'에 대한 비판으로부터 시작되었다. 장애의 개인적 모델은 장애를 신체적 또는 정신적인 손상과 동일한 것으로 보고, 치료와 같은 의료적 접근으로 극복할 수 있는 것으로 본다. 이러한 경우에 장애는 온전히 개인이 해결해야 하는 문제가 된다.

그러나 장애의 사회적 모델은 장애가 발생하는 원인을 개인이 아닌 사회적 환경, 정책, 서비스 등으로 보고, 이러한 환경적인 변화가 어떻게 개인의 기능적 능력의 변화를 이끌어 낼 수 있는지에 관해 집중한다. 사회적 모델은 장애인이 학교에 포함되거나 배제되는 원인에 대한 관심을 개인이 아닌 사회구조(예를 들어, 물리적 환경, 특수교육서비스 등)로 이동시켰다. 장애의 사회적 모델은 현재 장애인 등에 대한 특수교육법과 장애인차별금지법의 이론적 토대가 되고 있다는 점에서 한국 사회의 장애 담론에서 주요한 이론이라고 할 수 있다(조주희, 박문석, 2019a; 김태림, 김두희, 2020). 따라서 연구자는 교과서 연계 도서 속의 장애에 내재된 상징적 의미를 분석하는 기준으로 사회적 모델을 어느 정도 반영하고 있는지에 초점을 맞추었다.

둘째, 사회·문화 교과서 연계 도서 속 텍스트가 긍정적으로 나타나는 장애 이미지를 반영하는지에 관한 점이다. 이러한 기준은 통합교육의 정책적 맥락에서 도서를 분석하기 위한 것이다.

2007년 「장애인 차별금지 및 권리구제에 관한 법률」과 유엔 장애인의 권리에 관한 협약은 장애에 관한 불리한 대우를 조장하는 이미지가 제공되지 말아야 하고 장애인식 개선을 위한 교육이 진행되어야 한다고 명시하고 있다(보건복지부, 2019). 셋째, 부정적으로 나타나는 장애의 이미지를 전달하는 텍스트에 관한 기준이다. 장애와 관련한 내용이 책 속에 어떻게 반영되어 있는지 그것의 성격을 검토하였다. 이러한 기준을 바탕으로 20권의 책을 파일럿 샘플로 읽고 잠정적인 분석 범주를 만들었다. 이 과정은 장애와 관련한 문학작품을 쓰고 연출하는 장애인 당사자 작가 1명과 저자가 공동으로 진행하였으며, 각각 10권의 도서를 읽고 임시 범주를 설정하였다. 임시로 설정된 범주는 함께 모여서 논의하여 수정되어 주요 범주로 축소되어 구체화하였다.

 이렇게 구성된 범주를 기반으로 나머지 교과서 연계 도서의 텍스트 분석을 위한 상세한 프로토콜이 구성되었지만, 연구자가 예상하지 못했던 새로운 범주가 발견되었을 경우에 탄력적으로 수정될 수 있도록 하였다.

 연구자는 위의 4가지 분석 기준을 바탕으로 자료를 선정하여 의미별로 분류하였다. 그리고 코딩 작업을 진행하면서 일관성을 보이는 내용을 종합하여 범주화하였다. 연구자는 코딩된 자료를 여러 차례 읽으면서 하위 범주를 구성하고 다시 범주화하였다. 사회·문화 교과서 연계 도서에 나타난 장애 관련 텍스트 분석 결과를 도출하는 과정에서 타당성을 높이기 위해 삼각검증을 실시하였다(Bernard, 2013).

선행연구 검토를 통해 몇 가지 주제들은 예측할 수 있었지만, '영원히 행복한 존재'라는 새로운 범주를 도출할 수 있었다. 또한, '사회적으로 구성된 장애'라는 범주는 연구자가 기대했던 것보다 강하게 드러났다.

7. 분석 범주화 결과

추출된 분석 단위를 반복적으로 읽으면서 공통된 의미 범주를 추출하고, 분석 단위들을 이 범주 속에 위치시키는 작업을 진행하였다. 장애를 재현하는 텍스트가 포함하고 있는 메시지는 다양하기 때문에 명확한 분석 범주를 설정하는 것이 쉽지 않았다. 따라서 〈표 4〉와 같이 범주는 크게 장애에 관한 부정적인 재현과 긍정적인 재현 방식이다. 장애에 관한 부정적인 이미지를 보이는 범주는 11개의 하위 영역인 의료적 모델 관점의 장애, 장애는 개인의 문제, 비극적인 장애, 장애차별적 용어와 어조, 장애에 대한 편견과 고정관념을 내포한 표현, 호기심의 대상, 영원히 행복한 존재, 장애인은 도움이 필요한 존재, 교훈적인 존재, 영웅의 모습, 강한 장애인에 대한 고정관념으로 구성되었다. 장애의 긍정적인 이미지를 보이는 범주는 6개의 하위 영역인 장애인 권리 증진에 대한 이해, 장애의 사회적 모델의 관점으로 상징화된 장애 이미지, '차이'로서의 장애, 다양성의 한 부분으로서의 장애, 반장애차별적인 내용으로 구성되었다.

상위 범주	하위 범주
장애에 대한 부정적 이미지	의료적 모델 관점의 장애
	장애는 개인의 문제
	비극적인 장애
	장애차별적 용어와 어조
	장애에 대한 편견과 고정관념을 내포한 표현
	호기심의 대상
	영원히 행복한 존재
	장애인은 도움이 필요한 존재
	교훈적인 존재
	영웅의 모습
	강한 장애인에 대한 고정관념
장애에 대한 긍정적 이미지	장애인 권리 증진에 대한 이해
	장애의 사회적 모델의 관점으로 상징화된 장애 이미지
	사회적으로 구성된 장애
	'차이'로서의 장애
	다양성의 한 부분으로서의 장애
	반장애차별적인 내용

〈표 4〉 분석의 의미 범주와 재현된 장애

8. 기초 분석 결과

본 도서에서는 삽화에 한해서 분석한 결과를 제공한다. 추출된 71개 삽화에 대해 빈도 분석을 실시하였다. 분석은 학교 수준별로 1) 삽화 빈도수, 2) 장애인관 빈도수, 3) 장애 보조 도구 빈도수, 4) 장애 유형 빈도수, 5) 장애인 성별 빈도수를 측정하였다. 각 항목별 빈도 분석 기준은 다음과 같다.

첫째, 삽화는 사진과 그림으로 구분하여 빈도수를 측정하였다. 선정 기준은 장애와 관련한 모든 지식 전달의 방식을 취하고 있는 삽화로서 그래프, 지도, 통계자료 등을 모두 포함한다. 사진은 물체를 있는 그대로의 모습과 형상을 그대로 찍어 보존할 수 있는 형태로 만든 것을 분류하였고, 그림은 선이나 색채를 사용하여 사물의 형상이나 이미지는 평면 위에 나타낸 것을 분석하였다.

둘째, 장애인관은 제1 분석자, 제2 분석자, 제3 분석자의 삼각검증을 통해 도출된 4개의 장애인관을 Ⅰ유형, Ⅱ유형, Ⅲ유형, Ⅳ유형으로 분석하였다.

셋째, 장애 보조 도구는 삽화에 이미지로 보이는 도구를 선정하였다. 장애 보조 도구는 독자에게 장애 유형을 특정할 수 있는 정보를 제공한다는 점에서 의미 있다.

넷째, 장애 유형은 1차적으로 삽화에 제시되는 장애 보조 도구를 통해 알 수 있었고, 삽화에 보조 도구가 제시되지 않는 경우는

2차적으로 삽화 주위의 내용을 통해 장애 유형을 분석하였다.

교과서에서 추출된 삽화에 대한 학교 수준별 빈도수를 분석한 결과는 사진이 44개(61.97%) 그리고 그림이 27개(38.02%)로 나타났으며 그중에서 중학교 사회과 교과서에서 42개인 59.15%로 가장 많은 장애 관련 삽화가 등장하고 있다.

수준	사진	그림	빈도수 (%)
초등학교	2 (2.28%)	4 (5.63%)	6 (8.45%)
중학교	26 (36.61%)	16 (22.53%)	42 (59.15%)
고등학교	16 (22.53%)	7 (9.86%)	23 (32.39%)
전체	44 (61.97%)	27 (38.02%)	71 (100%)

〈표 5〉 사회과 교과서 학교 수준별 삽화 빈도수

교과서에 나타난 장애인관의 빈도수는 Ⅳ차원이 49개인 69.01%로 가장 높게 나타났으며, 중학교 수준에서 Ⅳ차원이 36개인 50.70%로 가장 높게 나타났다. 초등학교 수준에서는 Ⅰ차원과 Ⅳ차원 모두 발견되지 않았으며, Ⅱ차원과 Ⅲ차원 모두 비슷하게 분포되어 있다. 고등학교는 Ⅳ차원이 18.31%(13개)로 가장 높게 나타났지만, Ⅰ차원과 Ⅱ차원이 14.08%(10개)로 거의 비슷하게 나타났다.

수준	I	II	III	IV	전체
초등학교	0 (0%)	2 (2.82%)	4 (5.63%)	0 (0%)	6 (8.45%)
중학교	2 (2.82%)	2 (2.82%)	2 (2.82%)	36 (50.70%)	42 (59.15%)
고등학교	6 (8.45%)	4 (5.63%)	0 (0%)	13 (18.31%)	23 (32.39%)
전체	8 (11.27%)	8 (11.27%)	6 (8.45%)	49 (69.01%)	71 (100%)

〈표 6〉 사회과 교과서 학교 수준별 장애인관 빈도수

학교 수준별 장애 보조 도구 빈도수를 살펴보면, 휠체어, 안경, 지팡이 등 장애인을 특정할 수 있는 보조 도구가 언제나 삽화에 등장하고 있음을 알 수 있다(88.73%). 사회과 교과서 삽화에 장애인을 특정할 수 있는 보조 도구가 등장하지 않는 경우(11.27%)에는 삽화 관련 내용에서 장애인임을 알 수 있었다.

수준	보조 도구	도구 없음
초등	6 (8.45%)	0 (0%)
중등	39 (54.93%)	3 (4.23%)
고등	18 (25.35%)	5 (7.04%)
전체	63 (88.73%)	8 (11.27%)

〈표 7〉 교과서 학교 수준별 장애 보조 도구 빈도수

교과서에 나타난 장애 유형을 분석해 보면 전체의 84.50%(60개)를 지체장애가 차지하고 있으며 시각장애가 5.63%(4개), 지적장애가 5.63%(4개), 청각장애가 4.26%(3개) 순으로 나타났다. 또한 사회과 교과서는 국어 교과서(김태림, 김두희, 2020)와 마찬가지로 장애 비율이 높아지고 있는 자폐성장애와 학습장애를 제시하지 않는다는 점에서 현실을 제대로 반영하지 못하고 있다.

수준	지체장애	시각장애	청각장애	지적장애
초등	4 (5.63%)	0 (0%)	2 (2.82%)	0 (0%)
중등	36 (50.70%)	2 (2.82%)	1 (1.41%)	3 (4.23%)
고등	20 (28.17%)	2 (2.82%)	0 (0%)	1 (1.41%)
전체	60 (84.50%)	4 (5.63%)	3 (4.26%)	4 (5.63%)

〈표 8〉 사회과 교과서 학교 수준별 장애 유형 빈도수

장애와 관련한 삽화를 성별로 분석하면 남자(54.93%, 39개)가 여자(19.72%, 14개)보다 높은 빈도를 나타내고 있으며, 성별을 확인할 수 없는 삽화가 여전히 25.35%(18개)를 차지하고 있다.

수준	여자	남자	무성
초등	2 (2.82%)	2 (2.82%)	2 (2.82%)
중등	9 (12.67%)	21 (29.58%)	12 (16.90%)
고등	3 (4.23%)	16 (22.53%)	4 (5.63%)
전체	14 (19.72%)	39 (54.93%)	18 (25.35%)

〈표 9〉 교과서 학교 수준별 장애인 성별 빈도수

9. 연구의 신뢰도

내용 분석 과정에서 분석 결과의 타당도를 높이기 위하여 박사과정에서 국어교육과 사회교육을 전공하는 교사 2명과 함께 삼각검증을 실시하였다(Bernard, 2013). 3명의 구성원은 모든 자료를 검토하고 각각의 범주를 구성하였다. 이후 각자가 구성한 범주를 비교 분석하면서 불일치하거나 확실하지 않은 부분들을 논의를 거쳐 수정하였다. 연구 결과의 최종 범주는 저자가 완성하였다. 본 도서는 기존의 연구에서 다루어지지 않았던 그림과 사진을 모두 포함한 내용 분석을 장애의 사회적 모델의 관점으로 수행하였다는 점에서 큰 의의를 가진다.

이 연구는 교과서 연계 도서 속의 장애를 탐구하는 데 있어서 발생할 수 있는 오류와 연구자의 주관성을 최소화하고 신뢰도를 높이기 위해 다음의 절차를 바탕으로 연구를 진행하였다.

첫째, 이 연구의 시작에서 장애인 당사자이면서 작가로 활동하고 있는 국어국문학과 박사과정 학생 1명과 함께 검토, 논의, 협의의 과정을 거쳐 분석 요소를 선정하였다.

둘째, 이 연구의 결과를 도출하기 위해 한 저자와 박사과정에서 국어교육과 사회교육을 전공하는 교사 2명은 삼각검증 절차를 통해 공동 검토 과정을 거쳤다. 세 명의 연구자는 각기 분석 준거에 따라 텍스트를 분석하고 범주화하였다. 각기 범주화한 결과를 분석 비교하여 불일치하거나 확실하지 않은 부분을 구성원들이 함께 읽으며 논의하여 분석 범주를 최종적으로 완성하였다. 세 명의 분석자에 의해 이루어진 분석 간 일치도는 94%이고, 분석자 간 신뢰도 공식은 다음과 같다.

분석자 간 신뢰도(%) = 일치된 사례의 수/전체 사례의 수 ×100

4장. 교과서에서 제기된 장애 관련 내용과 삽화의 의미

1. Ⅰ차원: 장애인이 "얼마나 고통스럽게 살고 있는지"

① 의료적 모델 관점의 장애

 장애의 의료적 관점을 기반으로 한 삽화는 Ⅰ차원의 장애인관을 나타내고 있다고 분석되었다. 장애의 의료적 모델은 장애를 사회적 제약으로부터 나오는 것으로 보고 장애인을 억압받는 집단으로 보는 사회모델의 접근과 반대되는 것이다(Shakespeare, 2014).
 Ⅰ차원 장애인관에 속한 삽화들에 나타난 장애인의 모습은 주로 병원에서 치료를 받음으로써 고쳐야 하는 존재이다. Ⅰ차원에 속한 삽화에 나타난 인물들은 대개 표정이 밝지 않은 아픈 모습을 하고 있거나, 뒷모습만을 제시하면서 표정을 확인할 수 없

는 모습으로 제시된다. 또한, 장애인 옆에 보조 도구를 등장시킴으로써 개인이 가진 '다름'을 뚜렷하게 묘사하는 방식으로 전달된다. 여기에서 의료 모델이 장애를 개인적인 비극으로 보는 인식을 확인할 수 있는데, 장애 문제를 개인에게 내재하는 것으로 간주하고 기능의 제한 그리고 심리적인 상실감까지를 포함하고 있음을 알 수 있다(Oliver, 2009b).

치료의 대상으로 제시되는 장애인들은 언제나 그/그녀의 어머니로 보이는 여성 보호자와 함께 삽화에 그려진다. 장애 아동이 소속된 대부분의 가정에서는 전적으로 부모가 양육을 책임지고 있으며, 주로 어머니의 돌봄 노동에 크게 의존하고 있다(한국여성개발원, 2006)는 점에서 사회과 교과서가 현실적인 부분을 반영하고 있다고 할 수 있다. 그러나 장애를 개인적인 문제로 여기는 관점은 장애 아동을 가진 가족의 해체를 가속화한다는 점에서 비판받고 있다(국립특수교육원, 2019). 따라서 여성과 장애에 대한 고정관념을 재생산하고 있다고 볼 수 있다.

교과서는 우생학 이론에 대한 비판적인 입장을 견지하면서 장애, 여성, 인종에 관한 지식을 전달한다. 그러나 교과서가 장애에 관한 문화적인 고정관념에 도전하지 않고 있으며, 장애와 관련해서는 우생학적 관점을 따르고 있다고 보인다. 특히 교육 분야에서 장애와 관련하여 우생학 이론을 비판하는 사회학자들은

'기형적인 몸'을 가진 '비정상'에 대한 사회적 태도의 문제점을 지적한다. 그러나 교과서는 유전자 검사와 장애 가능성이 있는 태아에 대한 선별 낙태가 우생학적 정책을 더 쉽게 받아들이도록 한다는 사실을 간과하고 있다(Driedger, 1990).

우생학과 관련된 교과서의 삽화에서 낙태와 관련한 지식을 전달하는 부분은 찬성과 반대 입장에 관한 논쟁을 전달하고 있지만 장애 아동의 낙태는 허용되었다는 점은 언급하지 않음으로써 여전히 장애를 '비정상'으로 여기고 있음을 알 수 있다. 장애를 가진 삶은 살 가치가 없다는 문화적 믿음은 장애를 가지고 살아갈 가능성이 있는 경우 낙태를 할 충분한 이유가 된다는 가정을 이끌어낸다(Wendell, 1996). 따라서 이러한 교과서의 삽화를 통해 장애가 사회적으로 구성된 것이 아닌 신체적인 '불완전'으로 보는 인식이 지속되고 있으며 장애를 차이로 가치 있게 여기지 않는다는 사실을 알 수 있다.

② 개인적이고 비극적인 장애

교과서는 기존의 개인적이고 비극적인 모델의 관점으로 장애가 재현되는 내용을 다수 보여준다. 장애와 관련한 대부분의 텍스트에서 장애는 슬프고, 힘들고, 어려운 것으로 묘사된다. 비극적인 관점의 장애 이미지는 글보다 삽화 내에서 훨씬 더 눈에 띄

게 나타난다. 장애인은 언제나 특정한 형태를 취하고 있는데, 휠체어를 타고 있거나 안경을 쓰고 있는 방식으로 그들이 가지고 있는 '다름'을 표현하고 장애인이라는 것을 명확하게 전달하고자 하는 의도가 보인다. 또한, 텍스트에 비장애인과 비교하여 다르게 표현되는 장애인의 모습은 언제나 어려움에 처해 있는 것으로 묘사된다. 예를 들어, 휠체어를 타고 계단을 올라가지 못해 어려움을 겪고 있는 모습과 같은 것이다.

다른 모습을 하고 어려움에 빠진 장애인의 모습은 독자에게 장애인에 대한 공감보다는 동정을 이끌어내고자 하는 의도라고 할 수 있다. 이것은 장애에 대한 개인적이고 비극적인 모델에 대한 견해가 반영되었다는 증거이다. 많은 학생들은 장애를 슬프고 어려운 것으로 이해하는 방식에 익숙해진다(조주희, 박문석, 2019c). 장애의 문제는 개인의 생물학적인 기능적 제한으로 인한 결과이며 개인적인 비극이 되는 것이다(Oliver, 2009). 이러한 과정을 통해 학습자는 장애인을 피해자 또는 불쌍한 사람으로 인식하게 되고, 장애를 가진 사람들은 무능력하고 수동적이라는 고정관념을 갖게 된다(조주희, 박문석, 2020a; 2020b).

교과서에 장애인 노동자의 모습이 등장하지만, 수혜자의 모습으로만 제시한다는 한계를 가진다. 반면 비장애인들은 주로 과학 실험을 하거나 악기를 연주하는 등의 활동적인 모습으로 제시한다. 또한 비장애인들은 기업인, 정치인, 교사와 같은 특정한 직업을 가진 독립적인 인간으로 표현한다. 반면에 장애인들은 언제나 '장애인'으로 묘사되며 기업가나 생산적인 활동을 하는 모습으로 제시하지 않는다. 예를 들어, 교과서에서 장애인 여자와 남자 모두 언제나 구직활동을 하는 피고용인으로 나타나고, 비장애인 남자는 고용인으로 제시한다(고1-A-5-170). 이런 경우, 장애인은 언제나 비장애인에게 도움을 받는 의존적인 존재이고 배려의 대상이 되는 것이다.

장애를 개인적인 비극으로 바라보는 관점은 장애를 가진 사람들에게 부여되는 사회적, 경제적, 문화적 요인으로부터 주의를 돌려, 장애인 개인이 가진 어려움에 집중하게 만든다. 따라서 장애에 대한 개인적이고 비극적 견해를 유지하는 교과서는 학습자가 사회적 억압의 한 형태로서 장애를 이해할 수 없게 만든다.

③ 비극적인 장애

교과서 연계 도서는 장애가 비극적이라는 인식을 전달하고 있다. 이러한 도서의 목적은 대개 장애인에게 감정 이입하여 장애인이 가진 차이를 특별함으로 이해할 수 있게 만들기 위한 것이 아니다. 많은 사람들은 장애를 '다르고, 슬픈 것'으로 이해하는 이러한 방식에 익숙하다(조주희, 박문석, 2019c; Oliver, 2009; Wendell, 1996). 분석 결과는 많은 장애와 관련한 텍스트의 스토리라인이 신파적인 이야기 전개로 비장애인의 동정심을 이끌어내기 위한 것임을 보여준다. 이것에 대한 증거는 다음과 같이 확인된다.

> 장애를 가지고 이 세상을 사는 것이 얼마나 힘들까 생각하니 저절로 눈물이 났습니다. 어린 희아의 어깨에 지워진 장애라는 무거운 짐을 그럴 수만 있다면 대신 지고 싶은 심정이었습니다. (네 손가락의 피아니스트)

장애의 사회적 모델은 장애가 사회적 환경에 의해 발생한 상태라고 본다(사회보장정보원, 2016, 17쪽). 반면에 장애의 비극적 모델은 장애는 개인에서 기인하는 것으로 장애를 만들어내는 사회적, 경제적, 문화적 원인으로부터 장애로 인한 개인이 경험하는 비극으로 주위를 돌린다(사회보장정보원, 2016, 17쪽). 따라서 장애를 사회적 억압의 한 형태로 보는 사회적 모델과 비극적 모델은 양립할 수 없다(Oliver, 2009).

비극적 모델로 바라보는 장애와 관련한 스토리라인은 장애를 가진 개인이 경험하는 괴로움에 초점을 맞춘다. 장애인은 주위의 비장애인들에게 괴롭힘을 당하는 존재로 나타나고, 이러한 부당한 폭력에 맞서 싸울 수 없는 수동적인 피해자로 그려진다. 그리고, 물리적 폭력과 언어적 폭력에 대한 해결책은 대부분 장애인이 개인의 의지와 노력으로 장애를 극복하여 문제를 없애는 것이다. 장애를 설명하는 이러한 접근 방식은 장애가 있는 것은

"불쌍하고(말더듬이 내 친구 어버버)" "아프고 슬픈(벙어리 꽃나무)" 것으로 보게 만든다.

재덕이 얼굴은 새로 생긴 상처로 더 엉망이 되었습니다. 상백이 형에게 두들겨 맞았기 때문이죠. (내 친구 재덕이)

장애인을 괴롭힌 가해자들은 텍스트 속에서 자신의 행동에 대해 후회하면서 장애인에 대한 태도를 바꾸게 된다. 이러한 도서들은 대개 결국 땅꼬마 산타는 키 큰 산타들만큼이나 소중한 산타클로스가 되었다는 방식으로 끝이 난다. 그리고 피해자(장애인)와 가해자(비장애인)가 서로 화해하면서 교훈적인 메시지를 전달한다. 이러한 스토리라인은 장애인을 대상화하면서 비장애인을 교육의 주체로 그들에게 특별한 교육적인 동기부여를 하고 있다는 사실을 보여준다.

④ 장애차별적 용어와 어조

교과서에는 장애를 설명하는 부적절한 용어들이 발견된다. 예를 들어, 대한민국 헌법 제34조 5항은 "신체장애자 및 질병·노령 기타의 사유로 생활능력이 없는 국민은 법률이 정하는 바에 의하여 국가의 보호를 받는다."라고 규정한다는 내용이 사회과 교과서 인권과 헌법 부분에 포함되어 있다. 그러나 '신체장애자'는 장애차별과 혐오가 남아 있는 표현으로 지적받고 있는 용어임에도 불구하고, 이에 대해 고려하지 않고 있음이 발견된다. 1989년 장애인복지법이 제정되면서 '놈 자(者)'를 포함하고 있는 '장애자' 대신에 '장애인'을 공식 단어로 사용한다. 또한, '의지와 노력으로 장애를 극복한 그들은 숨겨진 능력을 갖추고 있습니다'라는 문장에서 장애를 '극복한'이라는 표현은 장애가 극복 대상이 아닌 장애를 가진 사람들 모두 그 모습 그대로 인정받아야 할 대상이라는 이유로 장애인 단체에서 사용하지 않도록 권고하고 있는 표현이다.

그러나 2007년 개정 사회과 교과서에서 장애차별적 용어로 지적되었던 '정신지체'와 같은 용어는 포함되어 있지 않았다. 또한, 2015년 개정 이전에 사회과 교과서에서 자주 지적되었던 비장애인을 일반인이나 정상인으로 잘못 표기하는 방식도 보이지 않았다. 같은 맥락에서 국가인권위원회에서 장애 및 사회적 약자의 편견을 나타낸다고 지적되어 수정된 이전 사회과 교과서에서 포함되었던 용어인 '앉은뱅이 독립가'라는 표현의 부적절성을 설명하고 있다는 점은 주목할 만하다.

교과서가 전반적으로 올바른 언어를 사용한다고 해서 장애 용어의 정치적인 의미를 완전히 전달하고 있다고 할 수는 없다. 예를 들어, 많은 텍스트에서 '장애'와 '손상'을 구분하지 못하고 있는 점이 발견되었다. 손상은 생물학적으로 개인이 가진 것이고,

장애는 사회구조적으로 만들어진 어려움이다(Oliver, 2009). 그러나 사회과 교과서에서 '장애(disability)'는 여전히 일을 할 수 없음으로 정의되고 있으며, '무능력'은 삶의 결과가 아니라 장애가 있는 사람의 결과로 표현되고 있다.

같은 맥락에서, 장애의 원인을 사회가 아닌 개인에서 찾고 있다는 사실이 발견된다. 예를 들어, '휠체어를 타는 친구에게 얼마나 이동이 불편한지에 대해 인터뷰를 한다'는 질문은 비장애인 학생이 장애인의 어려움을 이해하는 데 도움이 될 것이다. 그러나 교과서에서 등장하는 장애인의 어려움을 개인으로부터 찾는 방식의 질문은 학습자에게 장애는 개인이 해결해야 하는 문제라는 메시지를 전달한다. Oliver(2009)는 장애의 어려움을 개인에게 찾는 질문의 문제점을 지적한다. 그는 장애를 가진 개인에게서 문제를 찾는 것이 아니라, 장애를 만들어내는 사회구조에서 문제의 원인을 찾는 방식으로 질문해야 한다고 지적한다. 예를 들어, '휠체어를 타고 교실에 들어오기 힘든 이유는 학교가 무엇을 제공해 주지 않아서인가요?'라는 방식으로 질문해야 한다는 것이다(조주희, 박문석, 2019c).

⑤ 장애에 대한 편견과 고정관념을 내포한 표현

교과서 연계 도서 중 25권에서 장애에 대한 편견과 고정관념을 전달하는 용어와 어조가 존재한다는 것이 발견되었다. 장애를 비하하는 용어로 사용되는 바보나 병신 같은 단어들은 주변 사람들에 의해 가해지는 장애인에 대한 언어폭력으로 대부분의 연구 대상 도서에서 등장한다. 그리고 국가인권위원회나 장애인단체에서 사용하지 않도록 권고하고 있는 벙어리, 말더듬이, 장님과 같이 장애인에 대한 편견을 포함하고 있는 용어들도 확인되었다.

또한, 작품 속에는 장애인에 대한 혐오를 나타내는 "기형적인 몸"(네 손가락의 피아니스트)이라는 설명이 등장하기도 하고, 이들을 "성한 사람"(내 친구 재덕이)과 비교하여 제시함으로써 장애인은 비장애인과 다른 사람이라고 뚜렷하게 구별 짓기 하여 표현하기도 한다.

같은 맥락에서 장애인을 묘사하는 데 등장하는 '다르다' 혹은 '특별하다'는 식의 장애를 설명하는 부적절한 용어 사용도 빈번하게 관찰된다.

"은하는 달라. 나하고 달라." (은하는 내 친구)

"어딘가 특별한 친구예요." (내 다리는 휠체어)

분석텍스트가 장애를 사회적으로 만들어지는 것이 아닌 개인적인 문제로 바라보고 있다는 사실은 장애를 설명하는 부분에서 잘 드러난다. 『민수야 힘내』에서 주인공 친구 민수의 질병과 장애를 설명하는 부분을 살펴보면, 그가 가진 '병'으로 생긴 '장애' 때문에 무엇을 하지 '못한다'라고 표현함으로써 '장애(disabled)'인에 대한 문제를 개인에게 찾는 방식의 관점을 보인다. 예를 들어, 최근 교육 분야의 장애학 연구자들은 '휠체어를 사용하기에 적절하지 않은 울퉁불퉁한 바닥으로 인해 민수는 학교에 가지 못한다'와 같이 장애의 원인을 사회구조적 환경에서 찾는 관점의 변화가 요구된다고 지적한다(조주희, 박문석, 2019c; Shah, 2008).

> 민수는 아기 때 큰 병을 앓아서, 혼자서 서거나 걷지 못합니다. 말하는 것도 힘듭니다. (민수야 힘내)

장에 대한 편견이 텍스트를 통해 전달되는 것은 단순히 장애를 설명하는 단어뿐만 아니라, '장애'라는 용어 자체의 정치적 의미를 제대로 파악하고 있는지와도 관련되어 있다. 손상은 생물학적으로 인간의 몸에 관한 것이고, 장애는 비장애인을 위해 만들어진 사회구조 안에서 손상을 가진 개인이 갖게 되는 어려움을 뜻한다(Oliver, 2009). 그러나 내 친구는 시각장애인 텍스트의 예가 보여주는 것처럼, '장애(disability)'를 장벽으로 정의함으로써, '장애인(disabled people)'을 여전히 무엇인가를 하지 못하는 사람이라는 지식을 전달한다는 문제점을 제기할 수 있다. 이러한 관점은 장애를 사회적으로 야기된 활동의 제한으로 해석하지 않고 개인이 가진 비정상과 그것으로 인한 무능력으로 간주하게 만든다(Shakespeare, 2014).

"장애물이 있으면 피해서 안내해 주고." (내 친구는 시각장애인)

ⓖ 호기심의 대상

도서 속에서 장애인에 대한 고정관념은 그들이 존재하는 시대나 장소의 분위기에 대한 묘사나 장애인이 가진 독특성을 부각하면서 이들이 가진 인간성을 희석하고 호기심의 대상으로 만든다(Ingstad, & Whyte, 2007). 이러한 방식이 모든 연구 대상 도서에서 등장하지는 않지만, 14권의 사회·문화 교과서 연계 도서에서 장애인을 이국적인 존재나 괴물과 같은 형태로 묘사하고 있다는 점을 발견하였다. 예를 들어, 작품 속에 등장하는 장애인의 탄생에 대해 신비로움을 강조하고 다름을 부각하는 방식이 자주 드러난다.

사람들이 잘 알지 못하는 곳에서 왔어요. 엄마 뱃속에 숨어 있는 작은 마을인데, 그곳에서 온 아이들은 많지 않아요. 그래서 그곳에서 온 아이들을 다운증후군 아이라고 해요. 몽골증 아이라고도 하지요. 몽골은 중국 옆에 있는 나라래요. 릴리가 그곳에 사는 아이들과 닮았대요. (꽃

처럼 향기로운 내 동생)

또한, 장애를 갖게 된 것은 '신의 뜻'이고 따라서 장애는 '신비한 능력'을 가지고 태어난 사람으로 다음과 같이 설명되기도 한다.

> 어느 날 밤 아주머니는 꿈을 꾸었어. 수염이 허연 신령님이 나타나서 말했지. "뒤뜰 우물에 가면 잉어가 세 마리 있을 것이다. 그걸 구워 먹으면 아들을 얻게 될 것이니라." … 그중에서도 반쪽이는 힘이 아주 장사였대. (반쪽이)

호기심의 대상으로 장애인을 등장시키는 것에 대한 증거는 대부분의 책에서 장애인을 묘사하는 방식에서 찾을 수 있다. 장애인은 대개 "볼펜만 한 키에 이쑤시개처럼 가녀린 손가락(엄마, 내가 자전거를 탔어요)"과 같은 비인간적인 묘사 방식으로 전개된다. 그리고, 그들은 "동그랗고 납작한 얼굴, 윤기 없이 부스스한 머리카락, 작고 째진 눈, 두껍고 툭 튀어나온 아랫입술, 거슬거슬한 살갗, 짧은 목, 약간 구부정한 등에 통통한 살집, 도톰하고 짧은 손가락 그리고 둥그렇게 휜 다리에 팔자걸음(아영이)"으로 설명되는 등 언제나 비장애인과 구별적인 존재로 표현된다는 한계를 가진다.

인간성이 희석된 호기심의 존재로 나타나는 가장 두드러진 예는 장애인이 마법을 사용할 수 있는 존재로 등장할 때이다. 예를 들어, 지체장애를 가지고 있는 주인공 마르키트에게 받은 "막대사탕"을 먹으면 "기분이 좋아진다(내 다리는 휠체어)"라거나 손에 절단 장애를 가진 주인공 샷짱의 손은 "신기한 힘이 나오는 마법의 손(마법의 조막손)"으로 표현되기도 한다.

장애인을 비인간적으로 만드는 묘사나 표현 방식은 장애인을 호기심의 대상으로 보게 만들고, 이러한 스토리라인은 주로 비현실적인 행복한 결말로 이어진다.

⑦ 영원히 행복한 존재

교과서 연계 도서는 전반적으로 행복한 결말을 보이고 있다. 예를 들어, 장애에도 불구하고 "부자가 되어 잘 살았다(돌장승에게 비단 판 바보)", 장애가 있지만 "이제 아무렇지도 않습니다(내 다리는 휠체어)"와 같이 장애인이 "이웃하고 함께 도우면서 오래오래 행복하게 살았다(길 아저씨 손 아저씨)"라는 결말을 보여준다. 장애의 비극적 모델이 장애를 언제나 슬프게 묘사하는 것은 분명히 문제이다. 하지만 장애인이 사회에서 경험하는 부조리나 비장애인과의 사이에 존재하는 갈등에 관해 사실을 전달하지 않는 것도 장애에 관한 왜곡된 인식을 만들어낸다(조주희, 박문석, 2019c; Shah, 2008)는 점도 비판적으로 받아들일 필요가 있다.

대장은 땅꼬마 산타를 '동물들의 산타클로스'로 부르자고 했어요. "좋아요!" 모두들 한목소리로 외치며 땅꼬마 산타를 위해 건배했어요. 세 번씩이나요! 그 후로 땅꼬마 산타는 키 큰 산타들만큼이나 소중한 산타클로스가 되었답니다. (땅꼬마 산타클로스)

트리샤는 행복했습니다. 너무너무 행복했습니다. (고맙습니다, 선생님)

특히 이 분석 범주 안에서는 장애인이 언제나 그/그녀가 가진 물리적인 손상으로 인한 장애를 개인의 노력이나 긍정적인 생각으로 극복한다는 스토리라인을 가지고 있다. 이러한 텍스트는 기적적으로 장애가 사라지는 것과 같은 의미를 내포하고 있다는 점에서 문제가 된다. 물론, 초등학교와 중학교 학생을 대상으로 한 교과용 도서라는 점을 감안할 때 판타지적인 요소를 배제할 수는 없다. 그러나 "생각하니까 모든 게 달라진다(내 귀는 짝짝이)"라는 인식은 마음이 몸을 통제할 수 있다는 우리 사회의 잘못된 환상을 보여준다. 이것은 장애 학생들이 경험하는 손상으로 인한 어려움을 개인이 가진 노력의 실패로 여기게 할 수 있다는 문제점을 가진다(Wendell, 1996).

"얘야, 사실은 말이야. 네 귀는 쭈욱 노란색이었단다." 붓에 물만 묻혀서 칠했거든. "정말이에요? 정말 내 귀가 쭉 노란색이었나요?" "그렇단다, 하루 종일!" 할아버지 양이 다짐하듯 말했어요. "하지만 네가 하얀 귀라고 생각하니까 모든 게 달라졌잖아?" (내 귀는 짝짝이)

특별히 여성 장애인의 경우 두 권의 도서에서 엄마 되기와 독립성에 관한 내용이 발견되었다. 모두 자신의 손상으로 인해 아이를 키우지 못하는 것에 대한 두려움을 드러내고, 이후 장애를 극복하고 독립적인 어머니가 되는 모습을 그리고 있다. 장애인이 '장애인'으로만 존재하는 것이 아닌, 역할을 가진 사회의 구성원으로 묘사되고 있다는 점은 분명히 의미 있고 중요하다(Stromquist, 1990). 여성 장애인들은 자신이 가진 장애를 극복하고 어머니가 되어야 한다고 주장하기보다는, 아이를 낳고 가정을 이루어 어머니 되기를 하기 위해 누군가의 도움을 받는 것이 약함이나 무능력을 의미하는 것이 아니라는 주장을 한다. 이러한 점에서 장애 여성들은 여성주의자들과 다른 견해를 보인다(Wendell, 1996). 여성 장애인은 누군가에게 도움을 받지 않는 것이 '독립적'이라는 인식에 도전한다. 따라서, 여성주의자들이 주장하는 독립성에 대한 담론이 여성 장애인에게는 다르게 적용된다는 사실을 간과하고 있다고 보인다.

"넌 엄마 못해! 손가락 없는 엄마가 어딨어!" "나도, 나도 엄마 할 수 있어!" 삿짱은 앞치마를 꽉 움켜쥔 채 마리한테 달려들었어요. (마법의 조막손)

긴긴 시간이 흐른 뒤, 정말 루비는 돌아왔어요. 엄마가 되어서 말이에요. (때가 되면 너도 날 수 있단다)

2. II차원: "장애인을 도와주는 사회복지사가 되고 싶어요."

① 장애인은 도움이 필요한 존재

장애인관의 II차원을 보여주는 삽화를 통해 장애는 사회적 상호작용에서 기인하는 것으로 보여준다. I차원의 장애인관과 마찬가지로 장애인은 도움이 필요한 존재로 제시한다. II차원의 장애인관을 보여주는 삽화에서 제시하는 장애 관련 내용은 장애를 가진 사람들은 '존중받아야 할 존재'라고 강조한다. 또한 '문화적 다양성'의 측면에서 우리 사회가 장애를 받아들여야 한다고 지적한다. 이러한 텍스트는 장애를 오직 개인적인 문제로 보고 있지 않지만, 삽화 안에서 장애인은 언제나 어려움에 처한 존재로 그려지거나 누군가의 도움을 받는 모습으로 등장한다. 예를 들어, 휠체어를 타고 있는 장애인이 등장하는 삽화에는 거의 항상 비장애인이 휠체어의 손잡이를 잡고 있는 모습이 보인다. 또한, 특이한 점은 장애인의 모습은 대개 얼굴 표정이나 성별을 알아볼 수 없는 검게 칠한 모습으로 제시된다는 사실이다.

교과서에서 II차원의 장애인관을 나타내는 삽화에서 장애인은 대개 의존적인 모습으로 묘사된다. 특히 경제 교과서에 등장하는 삽화에서 장애인은 소비자 혹은 근로자의 모습이 아닌 취약계층으로만 존재한다. 관련 내용은 취약계층인 장애인에게 일자리를 창출하는 등 사회적 목적을 추구하는 사회적 기업의 필요성에 관한 것이다. 장애인의 경제적 활동을 위한 사회적 지원은 반드시 필요하다(Wendell, 1996). 그러나 장애인을 위한 사회적 지원이 궁극적 목표가 아닌 이들의 잠재력을 최대한 실현할 수 있고 사회에 충분히 기여할 수 있게 만들 수 있는 정책에 관한 내용은 보이지 않는다. 장애인이 단순히 사회에 참여할 수 있게 하는 것의 중요성만을 강조한다면 장애인을 위한 지원과 사회적 투자를 단순히 자선 행위라고 여기게 된다(Oliver, 2009a).

Ⅱ차원의 장애인관을 가진 교과서 삽화가 장애에 관해 전달하는 지식은 장애인에 대한 고정관념과 편견을 버리고 다양한 문화를 이해하는 태도를 지적하고 있다. 그러나 관련한 교과 활동은 언제나 비장애인 학생이라는 점에서 전달하는 지식의 교육 대상자는 비장애인에게 한정된 것으로 보인다. 예를 들어, 우리 사회의 소수자인 장애인을 이해하고 사회통합을 이루기 위해서 '장애인을 돕는 사회복지사'의 중요성에 대해 강조하고 있다. 이러한 사회과 교과서 지식이 장애인 학생에게는 어떠한 교육적인 가치를 가지는지 밝히는 연구가 필요하다. 또한, 전체적으로 장애인의 문화에 대한 지식은 전달하지 않고 있다.

② 교훈적인 존재

교과서 연계 도서는 독자에게 교훈을 주기 위한 소재로 장애가 사용되고 있다는 사실을 확인할 수 있다. 이 범주에서 장애와 관련한 사회·문화 교과서 연계 도서의 스토리라인은 권선징악을 따르고 있다. 장애를 교훈적인 주제로 드러내는 도서는 장애로 인해 생기는 어려움은 신의 뜻으로 극복될 수 있다고 여긴다. 또한, 장애인은 대개 용감하고, 그/그녀가 가진 장애는 선한 경우에 발생할 가능성이 높다는 점을 암시적으로 드러낸다.

> 옛날 옛날 어느 마을에 마음씨 착한 할아버지가 살았대요. (혹부리 할아버지)

> "비단 장수가 아주 착하게 생겼구먼." (돌장승에게 비단 판 바보)

이 범주에서 장애인은 특별한 사명을 가지고 있는 것으로 제시되는데, 장애인이 가지고 있는 차이의 가치에 대한 지식을 전달하려고 시도한다. 분석 대상인 사회·문화 교과서 연계 도서에서 장애인은 악한 사람으로 등장하지 않는다. 하지만 장애인은 주로 다른 사람(비장애인)의 선을 위해 존재한다. 즉, 장애 관련 텍스트 안에서 장애인은 비장애인 주인공을 도덕적인 성장으로 이끄는 도구로 사용되거나, 비장애인 독자에게 교훈을 전달하는 매개체로 사용된다.

"공책 사 주려고 문방구에 갔더니 너 착한 일 한다고 아저씨께서 그러시더라. 그래서 알게 됐지." 영택이가 저렇게 장애를 갖게 된 것은 영택이 잘못이 아닙니다. 그런데 왜 사람들은 놀리거나 혀를 차는지 모릅니다. "모범상까지 받았으니까 너는 이제 졸업할 때까지 들어다 줘야 해." (가방 들어주는 아이)

"난 설리번 선생님 같은 사람이 되고 싶어." "왜?" 도희가 물었습니다. "일생 동안 사랑과 헌신으로 헬렌 켈러를 키웠거든. 잠잘 때도 늘 함께 했지. 강의 시간이나 토론 시간에도 그림자처럼 따라다녔어. 두 사람은 서로 손가락의 움직임만으로도 충분히 의사를 전달할 수 있었어." (무릎 위의 학교)

생쥐 교훈: 부분만 알고서도 아는 척할 수는 있지만 참된 지혜는 전체를 보는 데서 나온다. (일곱 마리 눈먼 생쥐)

3. Ⅲ차원: "정말 강하고 힘이 넘치는" 장애인

① 영웅의 모습

Ⅲ차원의 장애인관을 보여주는 삽화를 통해 장애는 개인적인 문제로 자신이 가진 능력과 의지로 극복해야 한다는 인식을

전달한다. Ⅲ차원의 장애인관은 Ⅰ차원의 장애인관이 나타내는 장애를 고쳐야 하는 의료적 관점으로 보는 인식을 기반으로 개인이 해결해야 하는 문제로 본다는 점에서 선상에서 해석할 수 있다. 장애를 개인의 문제로 보는 Ⅰ차원과 Ⅲ차원의 장애인관은 장애인과 비장애인을 개인이 가진 장애에 대한 통제력의 차이로 본다(조주희, 박문석, 2020b). Ⅰ차원의 장애인관은 장애를 고칠 수 있어야 하는 것으로 보고, 장애인의 존재를 개인의 실패로 규정한다(Oliver, 2009b). 반대로 Ⅲ차원의 장애인관은 모든 어려움인 장애를 '극복한' 영웅적인 통제력을 상징한다(Wendell, 1996). 따라서, Ⅲ차원의 장애인관을 나타내는 사회과 교과서의 삽화는 대개 장애인 영웅의 모습을 제시한다. 그리고 Ⅲ차원 장애인관의 삽화가 대부분 신체적인 끈기와 연관되어 등장한다는 사실은 흥미롭다.

장애인 영웅은 올림픽 금메달을 딴 사람이나 위대한 과학자와 같이 비장애인도 성취하기 어려운 일을 해냈다는 점에서 대중에게 알려진 사람을 말한다. 예를 들어, 물리학자 스티븐 호킹이나 육상선수인 에이미 멀린스 등이 있다. 이와 같은 사회과 교과서 삽화는 장애는 노력으로 '극복'할 수 있는 것이고 그렇게 해야만 한다는 잘못된 인식을 전달한다. 실제로 장애인의 생애사 연구를 살펴보면, 장애를 가지고 성공한 사람들은 대부분 자신이 "운이 좋은 경우"였다고 말하거나, 비장애인들도 갖고 있지 못한 사회적·경제적 자본이나 신체적 자원을 보유한 경우이다(조주희, 박문석, 2020a, 2020b; Shah, 2008). 장애인 영웅들의 업적이 자주 등장하는 이유는 손상된 몸을 극복할 수 있는 가능성을 대중에게 보여줌으로써 비장애인을 편안하게 해주기 때문이다(Wendell, 1996). 이러한 장애인 영웅의 이미지는 대부분 장애인이 달성할 수 없는 이상적인 몸에 대한 사회적 인식을 학생들에게 전달한다.

장애인 영웅이 등장하는 사회과 교과서의 삽화는 사회화 과정에서 청소년기의 자아 정체성 형성과 관련한 내용과 함께 제시된다. "자아 정체성이란 자신의 고유성을 깨닫고 자신이 누구인가를 명확하게 이해하는 것"이라고 소개되며 장애인 영웅의 자아 정체성 형성 이야기가 사례로 제시된다(M1-1-7-130). 장애인 영웅의 이미지는 몇몇 청소년에게는 긍정적인 영향을 줄 수도 있겠지만, 대부분 장애인이 신체적으로 영웅적인 행동을 보여줄 수 없다. 따라서 다수의 장애인 학생들에게 자신이 가진 경험이 혼자만의 개별적인 문제라고 생각하게 될 수 있기 때문에, 장애인 영웅이 교과서를 통해 전달하는 지식이 장애인 학생에게 어떠한 영향을 미치고 있는지에 관한 연구가 요구된다.

② 강한 장애인에 대한 고정관념

교과서에는 다양한 장애인의 모습이 보이지 않고 언제나 특정한 모습으로만 소비되고 있다는 점이 계속 지적된다(우이구, 김수연, 권택환, 박은영, 2004). 스포츠 스타로 표현되는 장애인은 그들의 삶과 업적에 대한 긍정적인 이미지와 정보를 학습자에게 제공한다. 왜냐하면 대부분의 교과서에서 장애인은 가난한 존재로 묘사되고, 여전히 많은 사람들은 집 밖을 돌아다니는 장애인을 본 적이 없기 때문이다.

그러나 장애인이 영웅으로 재현되는 삽화는 그들이 자신의 핸디캡에도 '불구하고' 독립적인 모습을 가지고 정체성을 찾아가는 인물로 다루어진다. 이것은 장애는 개인이 가지고 '살아가야 하는 것'이기보다는 '극복해야 하는 것'으로 보는 고정관념이 여전히 지속되고 있다는 사실을 보여준다(국가인권위원회, 2014). 또한, 이러한 경우에 모범적인 장애인의 모습은 언제나 '젊고' '강한' 모습으로만 등장한다는 한계를 가진다(Hardin& Hardin, 2004).

이것을 방지하기 위해서는 많은 장애인이 일상생활에서 경험하는 문제들도 동일하게 강조되어야 한다. 또한 교실 환경에서 제시되는 영웅이라는 상징적인 스타가 장애를 가진 아동에게 어떠한 교육적 효과가 있을지 검토되어야 한다.

4. Ⅳ차원: "인간다운 삶을 위한 기본권을 보장받아야" 하는 장애인

① 장애인 권리 증진에 대한 이해

　교과서 삽화의 장애인관을 분석한 결과 차원Ⅳ의 장애인관이 가장 많이 제시된다. 차원Ⅳ에 해당하는 장애인관은 장애를 개인이 아닌 사회가 해결해야 하는 문제로 인식한다. 이러한 장애인관은 장애를 사회문화적으로 구성되는 것으로 보는 장애의 사회적 모델을 근거로 하고 있으며, 2007년 시행된 특수교육법의 근간이 되고 있는 관점이다(조주희, 박문석, 2019a). 2015 개정 사회과 교과서에서 장애와 관련한 삽화는 인권, 헌법, 인간, 행복, 민주주의, 정의와 관련한 교과 내용에 등장한다. 이러한 결과는 사회과 교과서가 장애에 대한 지원을 수혜가 아닌 권리의 측면에서 바라보고 있다는 점을 시사한다. 예를 들어, 보행이 어려운 사람도 이용할 수 있도록 설계한 계단의 필요성과 우리 사회구조의 물리적 접근의 어려움을 지적한 사례들은, 장애인의 시설에 대한 접근성을 높이기 위해서는 개인이 아닌 사회구조적 변화가 이루어져야 한다는 점을 지적하고 있다.
　그러나 장애와 관련한 정치적인 측면에 관해 언제나 올바른 지식을 전달하지는 않는다고 보인다. 예를 들어, 장애인에 대한 지원이 요구되는 장소에 설치된 장애인에 대한 삽화가 등장하는데, 그 삽화는 붕대를 감고 목발이 제시되고, '장애'라는 단어를 첨가함으로써 장애를 가진 사람을 지시한다. 장애(disability)는 여전히 무엇인가를 하지 못하는 것, 그리고 장애인은 일을 할 수 없는 인간으로 정의되고 있음을 알 수 있다. 이것은 장애를 사회적 지원의 부족으로 인한 결과가 아닌, 개인이 '극복'하지 못한 삶의 결과인 '무능력'으로 이해하게 만든다.

여전히 장애차별적인 지식이 전달되고 있지만, 2007년 사회과 교과서에 비해 장애를 동정이 아닌 권리로 제시하는 Ⅳ차원의 장애인관이 2022 개정 교과서에서 가장 큰 부분을 차지하고 있다는 것은 평등의 관점에서 장애를 해석하고자 하는 의미 있는 발전이라고 할 수 있다. 그러나 장애인과 비장애인이 함께 살아가 겪는 경험과 갈등에 관해서는 다루고 있지 않다는 점에서 장애인을 실제로 우리 사회의 구성원으로 인식하게 되는 데 한계를 가진다.

② 장애의 사회적 모델의 관점으로 상징화된 장애 이미지

초등학교와 중학교 사회·문화 교과서 연계 도서를 분석한 결과 장애의 사회적 모델의 관점으로 상징화된 장애 이미지에 대한 범주를 구성한 것이다. 이 범주가 지적하고 있는 '차이로서의 장애'와 '사회적으로 구성된 장애'가 장애에 관한 완벽한 지식을 전달하는 텍스트를 대표한다고 말할 수는 없지만, 다른 범주와 비교하여 장애에 대한 가치 있는 지식을 전달하고 있다. 분석 요소에는 장애에 관한 설명이 부족한 텍스트도 발견되었다. 예를 들어, 2007년 특수교육법이 시행된 이후 장애 학생은 자신의 교육적 요구에 맞게 특수학급과 일반학급을 선택할 수 있다. 하지만 분석 대상의 도서에는 일반 학교에 다니는 장애 학생은 반드시 특수학급에 가야 하는 것처럼 묘사되고 있다.

③ 사회적으로 구성된 장애

다소 적은 수의 교과서 연계 도서는 장애가 사회적으로 구성된다는 사실을 드러내는 텍스트를 포함한다. 이것은 장애인은 무능력하고 비참한 존재라는 고정관념을 가정하는 장애의 비극적 모델에 도전한다. 따라서 '사회적으로 구성된 장애' 범주는 이 연구의 분석 범주에서 가장 정치적이고 급진적인 관점을 제시한다. 이 범주에 포함되는 분석 요소의 특징은 장애의 다양성에 대한 접근을 시도하는 것에서 더 나아가 장애인이 마주하고 있는 사회적 벽을 직접적으로 다룬다. 예를 들어, 휠체어를 타고 이동할 수 없는 이유는 장애가 있기 때문이 아니라, 사거리의 턱이 너무 높기 때문이라는 방식으로 장애의 원인을 사회의 구조적 환경에서 찾는 관점의 변화를 시도한다.

"저기 신호등 보도 모서리가 높아요. 혼자서는 휠체어를 타고 올라설 수 없어요." (내 다리는 휠체어)

분석 도서가 초등학교와 중학교 교과용 도서라는 점을 고려할 때 장애를 사회적 억압으로 보는 지식을 전달한다는 것은 쉽지 않다. 그러나 이 범주의 도서는 비장애인이 언어장애를 가진 사람과 대화하지 못하는 이유를 장애인이 말을 하지 못하기 '때문'으로 보지 않는다. 이러한 도서는 수화나 구어 또한 우리가 배워야 하는 언어로 고려하고 있다는 점에서 우리 사회가 "건강한 비장애인에 맞춰 구성되어 있다"라는 사실을 암시한다는 점에서 주목할 만하다(Wendell, 1996).

엄마는 집에서 입술 읽는 법이랑 말하는 법을 가르쳤어요. 내 동생이 하는 말을 선생님이랑 친구들은 다 못 알아들었어요. 언니, 물, 손가락 같은 말들을요. 오늘 내 동생 친구들이 나한테 말했어요. "쟤, 파랑이라고 말했어!" 나는 내 동생이 그 소리 하는 거 진작에 들었는데 말예요. 하긴 그 애들은 나처럼 내 동생이랑 오 년 동안 함께 산 게 아니니까요. 나는 내 동생 마음을 알아요. 내 동생도 내가 하는 말을 알아들어요. 천천히 말하면서 손을 많이 움직일 때는 더 많이 알아듣지요. 그런데 그 애가 보는 건 내 손가락이랑 입술만이 아니에요. (내게는 소리를 듣지 못하는 여동생이 있습니다.)

④ '차이'로서의 장애

　교과서 연계 도서를 분석한 결과 장애를 '차이'로 바라보는 텍스트는 일곱 권의 책에서 발견되었다. 장애를 '차이'로 바라보는 접근 방식은 두 가지의 메시지를 독자에게 전달한다. 첫째, 장애는 모든 개인이 가진 '차이'로 이해되어야 한다. 둘째, 차이를 가진 모든 개인은 우리(예를 들어, 가족, 동료, 학교, 지역사회)를 구성하는 존재이고, 사회의 다양성에 기여하는 구성원이다.

　장애를 다양성의 관점에서 바라보는 작품들은 '장애'라는 단어를 명확하게 사용하지 않는다(Oliver, 2009). 대신에 삽화를 통해 독자들이 알 수 있도록 하거나, 텍스트를 통해 묘사한다. 예를 들어, 주인공이 장애를 가졌다는 내용은 텍스트에 언급되지 않았지만, 그/그녀가 가진 차이에 대한 가치를 부여하는 방식으로 설명함으로써 독자가 이해할 수 있게 만든다. 예를 들어서, 청각장애를 가진 사람은 시각이 발달한다거나 시각장애를 가진 사람은 후각이 발달했다는 방식으로 개인의 차이를 가치 있는 것으로 설명한다.

"찌르레기 뒤편 어딘가에서 참새도 노래하는구나." 할아버지가 귀를 기울이며 말합니다.
나도 곧 짹짹거리는 소리를 듣습니다. 그러고는 할아버지가 먼저 찾은 갈색 참새가 눈에 띌 때까지 휘휘 둘러봅니다. (할아버지의 눈으로)

코에도 눈이 있어요. 사람들한테서 나는 냄새로 누가 누군지 알아요. 내 친구 다니엘과 다니엘의 여동생 줄리 냄새가 달라요. 엄마 냄새와 아빠 냄새도 달라요. 그래서 아빠가 이렇게 말해요. "마티유, 넌 사냥개 보다도 더 냄새를 잘 아는구나." (마티유의 까만색 세상)

이 범주의 텍스트는 개인이 가진 '차이'를 특별함으로 장애를 이해한다는 점에서 큰 의미를 가진다. 그러나 장애인의 삶에 영향을 미치는 경제적, 환경적, 문화적 요인으로 구성되는 사회적 벽은 드러내지 못하고 있다는 한계를 가진다.

들판에 핀 꽃을 봐. 풀잎의 모양 하나도 똑같은 게 없어. 사람마다 생긴 게 다르고 성격이 다르고 좋아하는 게 다른 것처럼. 그냥 다를 뿐이야. 달라도 우린 친구야. (달라도 친구)

⑤ 다양성의 한 부분으로서의 장애

교과서를 분석한 결과 장애를 긍정적으로 재현하고 있는 범주이다. 다음의 텍스트는 다른 부분들보다 장애에 관해 긍정적인 지식을 전달하고 있다. 그러나 연구자는 다음의 모든 문헌들이 완벽하고 이상적인 사례를 대표한다고 이야기하는 것은 아니다.
일부 텍스트는 장애에 관한 설명이 매우 부족한 것도 발견되었다. 예를 들어, 장애 등급에 따라 제공되는 사회복지 서비스에 대한 내용이 담겨있는데, 장애인등급제는 이미 단계적 폐지가 진행되고 있다는 점에서 구체적인 설명이 필요한 부분이다. 그리고 이미 많은 장애인들이 전동스쿠터나 전동휠체어를 사용하지만, 교과서에는 언제나 수동휠체어의 모습만이 제공된다.

장애를 다양성의 관점으로 바라보는 주제 또는 접근 방식은 대부분 사회통합과 관련된 텍스트에서 나타나고 있었다. 이러한 텍스트는 독자(장애인 또는 비장애인)에게 장애인은 타인이나 외부인이 아닌, 우리 사회에 소속된 완전한 구성원이어야 한다는 지식을 전달한다.

일부 분석 범주는 우리 사회가 장애인을 포함한 다양한 배경과 문화를 가진 개인들로 구성되어 있음을 보여준다. 이러한 텍스트는 오직 장애인의 어려움과 문제에만 초점을 맞추지 않는다. 오히려, 장애인에 대한 차별로 파생되는 사회적 갈등을 해결하기 위해 필요한 개인의 의식 변화와 사회 제도 개선에 관해 지적한다.

"현재 우리 사회에서 장애인이나 이주 외국인, 노인, 여성, 북한 이탈 주민 등을 사회적 소수자로 볼 수 있으며, 이들은 부당한 대우를 받거나 지속해서 차별받는 일이 많다." 따라서 "개인은 자신이 가지고 있는 고정관념과 편견을 버리고, 서로의 차이를 인정하고 존중하는 태도를 가져야 한다. 또한 상대방을 단지 다르다는 이유만으로 부당하게 대하지 않도록 노력해야 한다"라고 제시한다.

위와 같이 교과서는 장애인이 가진 '차이'로 인해 일어나는 '차별'의 문제점을 지적한다. 이러한 차별이 사회적 갈등을 야기한다고 보고, 사회의 다양성과 사회통합에 장벽이 되고 있음을 지적한다. 그러나 장애인의 권리 문제를 직접적으로 다루지 않는다. 즉, 장애인과 비장애인의 갈등에 정면으로 도전하고 있지 않다. 오히려, 다른 환경 이슈에 관해 이야기하거나 케이블카 설치에 관한 의견을 나누는 것과 같은 문제로 다시 환원된다. 여기에서 장애인의 이동권 문제는 단순히 등산객이 경치를 '즐기는' 문제로 취급된다. 이런 경우, 학습자는 적절한 이동 수단이 사회로부터 제공되지 않는 문제가 또 다른 권익과 충돌하였을 때 유연하게 줄일 수 있는 문제라고 여기게 된다.

장애 지원 서비스가 누군가에게는 '즐기기' 위한 보조 수단이지만 누군가에게는 균형 잡힌 삶과 생계유지 활동을 위해서 존재한다는 점이 교과서에서 구체적으로 다루어져야 한다. '사회적 차원에서 차별의 원인이 되는 사회 제도를 개선하고 차별을 해소하기 위한 법과 정책이 마련되어야 한다'는 내용으로 사회적 차원에서 차별로 인한 갈등을 해결되어야 한다는 내용이 나온다. 그러나 많은 장애인의 이동권과 같은 적절한 권리가 보장되지 않음으로써 최소한의 존엄한 삶을 누릴 권리가 박탈되고 있다는 현실은 제시되지 않는다(조주희, 박문석, 2020b).

⑥ 반장애차별적인 내용

교과서에는 반장애차별적인 주제와 접근 방식에 대해 적극적으로 표현하는 내용이 포함되어 있다. 이러한 텍스트는 장애인이 직면하고 있는 사회적 장벽을 직접적으로 다룬다는 중요한 특징을 가진다. 이것은 장애의 비극적 관점이 가정하고 있는 장애인은 무능력하다는 고정관념에 도전한다. 사회과 교과서에서 장애를 만드는 사회적 장벽을 직접적으로 다루고 있다는 사실은 주목할 만하다. 예를 들어, 개인이 가진 '신체적 특징'으로 인한 불평등을 간단히 다루기보다는, 시설로 인한 자유로운 이동 등의 어려움이 제시된다. 그리고 장애인 의무 고용제도, 장애인 등에 대한 특수교육법, 장애인 차별금지 및 권리구제에 관한 법률, 장애인 건강 증진 및 의료 접근성 보장법 등 장애인이 겪는 어려움을 막기 위해 제도 개선의 필요성에 대한 지식을 제공한다. 이것은 장애인이 가진 문제를 개인에서 찾기보다는 외부에서 찾는 적극적인 노력으로 정책적인 부분의 변화를 강조하고 법률적인 측면에서 장애 인권의 중요성을 지적한다. 그리고 장애인의 인권을 선언적으로만 강조하는 것이 아니라, 비장애인에 맞추어진 사회구조를 변화시키기 위한 노력의 실제 사례들을 다양하게 제공한다는 점에서 큰 의미를 지닌다. 예를 들어, 휠체어 충전소, 장애인을 위한 안전문, 지하철 엘리베이터, 턱없는 거리, 스웨덴의 문턱 없는 주택, 서울 어린이대공원 꿈틀꿈틀 놀이터, 서울시 유니버설디자인 화장실 등과 같은 사실적인 정보를 제공한다.

교과서에서 반장애차별적인 내용을 다루는 텍스트는 장애와 관련된 주요한 사회적 장벽 중 일부를 해결할 수 있도록 학습자에게 과제를 제공하기도 한다. 예를 들어, 이러한 활동은 '만약 세상의 모든 도로가 휠체어 이용자에게만 편리하게 설계되어 있고 안내 직원이 수화만 사용하며 모든 책이 점자로 되어 있다면 당신은 어떤 심정일까?'라는 질문을 통해 장애인에 감정 이입할 수 있는 기회를 부여하는 방식으로 이루어진다(중1-2-1-26). 그러나 정책의 부재와 법률적인 필요성이 강조될 뿐, 야기될 수 있는 실제적인 법적인 문제와 현실적인 갈등에 관해서는 자세히 다루지 않는다는 한계를 가진다.

5장. 시사점 및 과제

현재의 교과서에는 이전보다 장애에 관한 빈도수가 증가하였으며 장애차별적인 관점도 개선되었음을 알 수 있었다. 민주시민 양성을 위해 요구되는 정치와 법, 사회와 문화 과목이 포함되어 있기 때문에 장애를 권리의 측면으로 이해하는 장애인관 변화가 가장 두드러지게 나타났다. 긍정적인 발견은 인권, 헌법, 정치와 관련하여 장애로 발생하는 문제를 해결하는 방식을 개인이 아닌 사회에서 찾으려는 노력이 이루어지고 있다는 점이다. 교과서 분석에서 나타난 핵심적인 발견은 다음과 같다.

교과서에서 재현된 장애를 분석한 결과 통합교육에 좋은 사례들이 포함되어 있다는 사실을 확인하였다. 그러나 동시에 장애에 대한 부정적인 고정관념을 전달하는 일부 텍스트가 포함되어 있다는 점에서 여전히 장애차별적인 내용이 전달되고 있음을 확인하였다. 따라서 본 도서는 2015 개정 중학교, 고등학교 사회과 교과서가 장애에 대한 고정관념을 재생산하고 있으며, 장애인의 현실을 반영하는 지식을 제대로 전달하지 못하고 있다는 사실을 보여준다.

초등학교와 중학교 사회·문화 교과서 연계 도서에 장애에 대한 긍정적인 지식이 발견되고 있지만, 여전히 장애에 대한 왜곡된 이미지가 전달되고 있음을 확인하였다. 또한, 통합교육이 시행된 지 15년이 지난 지금에도 여전히 한국에서 출판된 장애와 관련한 도서가 많이 부족하다는 사실도 확인할 수 있었다.

1. 통합교육을 위한 장애 요인의 쟁점 및 과제

장애 관련 내용이 대체로 인권과 불평등에 관련된 부분에 포함되어 있다는 사실은 장애를 개인의 문제가 아닌 사회적으로 해결해야 하는 이슈로 본다는 점에서 큰 의의를 지닌다. 그러나 장애인들이 경험하는 구체적인 차별과 불평등의 경험을 삶의 맥락에서 제시하지 못하고 있다는 점에서 한계를 가진다.

민주주의, 사회정의, 불평등, 인권 보장을 다루는 단원은 장애에 대한 내용을 포함하고 있으며 특히, 제시된 분석 요소들에서 기존에 문제점으로 지적되었던 복지의 관점이 아닌 평등의 관점에서 장애 관련 내용이 선정되었다는 점은 주목할 만하다. 교과서가 장애 평등을 다루는 폭이 넓어지고 있다는 점은 큰 성과이다.

그러나 장애 관련 내용 요소들이 분절적으로 제시되는 경우가 자주 보인다. 이것은 인권적 측면으로 장애인의 권리를 다루는 부분에서 자주 발견된다. 장애에 관한 내용은 장애인에 대한 차별과 편견이 존재한다는 사실을 지적하고, 이것으로 인해 장애인들이 어려움을 겪는다는 현실을 알려준다. 그리고 마지막으로 사회 문제 해결에 요구되는 정책적 방안을 제시하는 흐름으로 구성되어 있다. 그러나 이러한 과정에서 장애인들이 겪는 차별과 편견은 왜 발생하는지, 그리고 장애인들이 경험하는 사회적 제약은 구체적으로 무엇인지에 관해서는 이야기하지 않는다. 또한 장애와 관련한 사회적 불평등이 사회에 어떤 결과를 가져오고 있으며, 그 과정에서 학습자인 나(장애인/비장애인)에게 어떤 영향을 주고 있는지는 다루지 않는다.

교과서에 재현된 장애를 대체로 개인의 손상으로 인한 어려움이 아닌 사회적 지원이 부족한 결과로 바라보는 장애의 사회적 관점을 채택하고 있다는 점에서 매우 고무적이다. 그러나 장애에 대한 중요한 정치적인 쟁점은 다루지 않는다. 특히, 장애와 손상의 개념을 구분하지 않고 제시함으로써, '장애'는 여전히 '어떤 사물의 진행을 가로막아 거치적거리게 하거나 충분한 기능을 하지 못하게 하는 일'이 라는 장애차별적인 단어로 사용되고 있다. 이러한 과정을 통해 학습자는 장애에 대한 부정적인 메시지를 전달받는다.

또한, 장애인은 주로 사회적 약자 혹은 수혜의 대상으로 표현되고 있다는 한계를 가진다. 이것은 장애인은 언제나 고용인이 아닌 피고용인으로 표현되고, 비장애인에 의해 도움을 받는 존재로만 그려지고 있다는 사실에서 뚜렷하게 나타난다. 교과서가 전달하는 장애에 관한 지식은 단순히 '가난하고', '불쌍하고', '어려운' 존재가 아닌 복잡한 양상을 보인다는 사실이다. 이것은 일부 장애인이 다양한 능력을 가지고 있는 초인적인 인물과 같은 완벽한 존재로 재현되는 사실에서 알 수 있다.

교과서는 장애인 담론에서 논의되는 젠더 이슈를 다루지 않음으로써 이중 소외집단인 여성 장애인을 고려하지 않는다는 점을 알 수 있다. 예를 들어, 기존에 가정에서만 존재하는 주부의 모습으로 등장하던 여성이, 현재 사회과 교과서 안에서 직업을 가진 주체적인 모습으로 표현된다. 또한 살림과 육아를 함께 담당하는 여자와 남자의 모습이 함께 표현되기도 한다. 그러나 여성 장애인의 독립성에 관해 제기되는 이슈는 전통적인 여성주의적 관점을 따르지 않는다(조주희, 박문석, 2020b). 비장애 여성들과는 반대로, 많은 장애 여성들은 육아에서 배제되고 있다는 사실을 문제점으로 지적한다. 그리고 육아와 살림을 하는 데 있어서 도움을 받는 의존적인 존재라고 바라보는 사회적 관점에 문제가 있음을 지적한다. 예를 들어, 전문적인 직업을 가진 비장애 여성이 육아를 위해 보모를 고용한다고 해도, 어느 누구도 그녀를 의존적이라고 하지 않을 것이기 때문이다. 장애인 담론에서 제기되고 있는 젠더 이슈는 비장애인의 그것과는 다르다는 사실을 간과하고 있다. 누군가에게 도움을 받지 않는 것이 '독립적'이라는 인식에 대한 도전이 필요하다. 전통적인 여성주의적 관점은 여성이 어머니라는 역할뿐만 아니라 독립적인 여성이라는 역할을 부여받기를 원한다. 반대로 여성 장애인은 어머니 역할을 인정받지 못한다는 사회적 억압에 도전한다.

사회과 교과서는 장애인의 소외와 차별에 관한 문제를 주요하게 다루며, 주로 장애인의 권리와 관련 정책에 대한 거시적인 정보를 전달한다. 그러나 장애인의 평범하고 일상적인 삶에 대한 내용은 거의 등장하지 않는다. 따라서 장애인이 비장애인과 어울리며 살아가는 삶의 모습이 제시되어야 한다. 이와 같은 메시지를 통해 학습자는 장애인이 가진 삶의 모습이 비장애인과 다르지 않음을 체화하고, 이러한 과정을 통해 장애인에 대한 특정한 고정관념을 갖지 않게 됨으로써 장애인과 비장애인이 동등한 사회 구성원이라는 사실을 인식하게 될 것이다.

분석 대상 도서를 장애 유형별로 분석한 결과는 지체장애가 43%로 지나치게 많이 다루어지는 경향이 있었다. 특수교육대상자를 장애 유형별로 살펴보면 자폐성 장애, 시각장애, 청각장애, 의사소통장애 등 다양한 장애를 포함한다(국립특수교육원, 2020: 13). 따라서 초등학교, 중학교 사회·문화 교과서 연계 도서는 현실적으로 우리 사회의 구성원으로 존재하는 다양한 장애 유형을 가진 사람들에 관해 구체적으로 다루지는 못하고 있다고 보인다.

교과서 연계 도서가 현실을 반영하지 못하고 있다는 사실은 스토리라인에서 더욱 뚜렷하게 나타난다. 대부분 도서는 장애를 소재로 사용하여 비장애인 학생과 독자를 대상으로 한 교훈적인 내용을 담고 있으며, 행복한 결말을 도출하고 있다. Demon Sparks(1999)는 장애에 관한 반편견 교육과정을 구성하는 데 있어서, 장애인에 대한 긍정적인 이야기를 포함하는 것을 주요한 선정 기준으로 지적한다. 이것은 그동안의 연구들(송혜영, 2010; 이윤지, 서화자, 2019)이 도서가 장애를 비극적으로 다룬다고 비판하고 있다는 점에서 매우 유의미하다. 그러나 장애인과 비장애인과의 실제적인 갈등을 다루지 않고 비현실적으로 묘사하는 것은 장애에 대한 환상을 부추긴다는 점에서 문제가 될 수 있다(Shah, 2008).

분석 결과에서 일부 교과서 연계 도서가 장애로 인한 개인이 가진 '차이'를 특별함으로 인식할 수 있는 지식을 전달하고 있다는 사실을 확인할 수 있다. 장애인이 가진 차이가 다른 종류의 지식과 관점을 제공해 준다는 점을 이해하게 된다면 장애인이 가진 차이는 신기하지 않게 된다. 이 연구의 일부 도서는 장애인이 가진 차이의 가치를 매우 잘 설명하고 있다. 시각장애를 가진 할아버지는 소리로 새를 찾아내거나(할아버지의 눈으로), 후각을 통해 사람을 알아채기도 한다(마티유의 까만색 세상). 이것은 장애인이 가진 차이가 불이익이 되지 않는 상황을 잘 설명해 준다는 점에서 장애가 맥락에 따라 다르게 이해된다는 점을 독자에게 알려준다.

 교과서 연계 도서가 장애인의 일상적이고 평범한 삶을 보여주지 않는다는 점에서 장애인의 타자성에 일정 부분 기여하고 있다고 할 수 있다. 도서에 등장하는 장애인은 언제나 그/그녀가 가진 장애를 '극복'하고 주위의 비장애인들과 화해에 도달한다. 이것은 장애인에 대한 대중적인 이미지인 몸을 극복할 수 있다는 가능성을 재확인시켜 주는 것이다(Wendell, 1996). 장애를 가지고 멋진 피아니스트로 성장한 주인공의 이야기(네 손가락의 피아니스트)는 장애인 영웅을 통해 독자(비장애인)에게 감동을 주기도 하지만, 비장애인에게 장애는 누구나 극복될 수 있는 것이라는 잘못된 인식을 갖게 만든다. 또한, 장애인 영웅에 관한 이야기가 실제로 비장애인 학생에게 힘을 주고 긍정적인 정체성을 심어주는지에 관한 연구가 요구된다.

 통합 환경에서 일부 도서가 장애의 문제를 개인이 아닌 사회에서 찾고 있다는 점은 매우 고무적이다. 그러나 여전히 장애차별적인 용어와 고정관념이 대부분의 도서에서 발견되고 있으며, '장애'를 장벽이라는 개념으로 사용함으로써 장애인이 무엇인가를 하지 못하는 사람이라는 무능력의 개념과 연결시키고 있다는 한계를 가진다.

　장애의 사회적 모델의 관점으로 상징화된 장애 이미지를 통해 장애는 개인이 가진 '차이'와 같은 특별함으로 이해되어야 하고, 장애는 개인이 가진 손상이 아닌 사회적 환경으로 인해 만들어지는 것이라는 지식을 전달하고 있다. 이것은 장애와 같은 차이를 가진 모든 개인이 사회를 구성하는 존재인 동시에 사회의 다양성에 기여하는 구성원이라는 인식을 갖도록 만든다. 또한, 장애의 원인을 개인이 아닌 사회구조적 환경에서 찾기 때문에, 장애인을 복지의 혜택을 받는 의존적인 존재로 보지 않게 되는 것이다.

　그러나 2007년 특수교육법 시행 이후에도 여전히 많은 교과서가 장애의 개인적 모델의 관점으로 장애를 상징화하고 있음을 확인할 수 있다. 분석 결과에 따르면, 장애에 대한 편견과 고정관념을 내포한 용어와 어조가 여전히 자주 등장하고 있으며 이것은 특히 장애를 비극적으로 묘사하는 데 주로 사용되고 있다. 같은 맥락에서 장애인은 '정상'에서 벗어난 존재로, 호기심의 대상으로 등장하고 있다. 이것은 우리 사회가 장애 학생을 교육받을 만한 대상이 아니라는 인식을 갖게 하는데, 장애와 관련하여 전달되는 교훈적인 지식은 언제나 비장애인을 대상으로 이루어진다는 점에서 확인할 수 있다. 이와 같은 교과서와 도서가 장애 학생에게는 어떠한 교육적인 효과를 가져오는지에 관한 연구는 반드시 필요할 것이다.

2. 교육과정 개정을 위한 향후 발전 방향

전체적으로 교과서 삽화 분석은 Ⅳ차원 장애인관을 가장 많이 포함하고 있다는 점에서 장애에 관한 긍정적인 인식을 전달하고 있다. Ⅵ차원 장애인관은 장애가 사회구조적으로 만들어진 상황이 야기하는 것으로, 장애를 가진 사람은 다른 사람에 비해 불리한 상황에 처해 있음을 보여준다는 점에서 가장 유의미한 관점이다. Ⅳ차원 장애인관은 시민으로서의 다양한 정치적, 경제적, 사회적, 문화적 권리의 부인을 나타내는 장애인에 대한 사회적 배제를 나타내는 관점이 아니다. 그것은 사회통합에서 가장 요구되는 장애인관이라는 점에서 교과서에 적합하다. 그러나 교과서의 일부 삽화는 여전히 장애는 불쌍하고(Ⅰ차원), 의존적이고(Ⅱ차원), 극복해야 하는 것(Ⅲ차원)으로 보고 있다는 사실을 보여준다.

교육사회학자들은 교과서의 권력을 지적하면서, 교과서에서 전달하는 지식은 주요한 문화가 되고, 전달되지 못하는 지식은 문화적 중요성을 잃어버린다고 말한다(Apple, 2014). 따라서 소외된 집단인 장애인의 문화나 지식을 교육과정에 반영시키고 궁극적인 사회통합을 달성하기 위해서 사회과 교과서가 선택한 지식과 선택되지 못한 지식에 관해 탐구가 요구된다.

향후에는 교과서에서 장애에 관해 선택되고 혹은 선택되지 않은 지식이 구성되는 과정에 대한 탐구가 필요하다. 이러한 연구는 교육과정이 장애인의 현실을 반영하고 장애의 가치를 올바르게 전달할 수 있게 함으로써 궁극적으로 장애 학생의 완전 통합교육에 기여할 수 있을 것이다. 이것을 위한 향후 발전 방향은 다음과 같다.

본 도서는 2007년 특수교육법이 시행된 지 15년이 넘었지만 여전히 교과서가 장애차별적인 지식을 담고 있다는 사실을 확인할 수 있었다는 점에서 큰 의미를 가진다. 통합교육에 유용하게 활용할 수 있는 교과서와 도서가 존재한다는 사실이 확인되었지만 동시에 장애차별적이고 부정적인 지식을 전달하는 교과서가 여전히 존재한다는 사실도 확인할 수 있었다. 따라서 학교와 교사에게 통합교육에 요구되는 자료 선정 기준과 관련한 정보가 제공되어야 한다. 또한, 교과용 도서를 제공하는 출판사와 저자에게 장애 이슈에 관한 올바른 정보를 제공하기 위한 노력도 필요하다.

아동·청소년기에 접한 텍스트를 통해 전달된 지식은 사회화 과정을 통해 성인이 된 이후 개인의 특정한 가치와 태도를 형성하는 데 주요한 영향을 준다 (Stromquist, 1999). 따라서, 성별 (gender) 요인도 분석 요소를 선정하는 데 있어서 주요하게 고려되어야 한다(Wendell, 1996). 특히 장애와 관련한 젠더 이슈는 기존의 여성주의적 관점을 따르지 않는다(조주희, 박문석, 2020b). 향후 연구에는 장애에 대한 반장애차별적인 지식을 전달하기 위한 교과용 도서 선정 기준을 세우는 연구가 필요할 것이다. 이러한 연구는 장애에 대한 올바른 지식을 전달하는 통합교육 환경을 구성하는 데 기여할 것이다. 따라서 향후 연구에는 학교급에 따라 학생이 가진 심리적이고 인지적 발달의 차이를 고려하여 장애감수성에 기반한 교육 방법을 탐구하는 연구가 요구된다.

마치며

본 도서는 모든 교사와 연구자를 위한 책이다. 통합교육은 모든 학생에게 영향을 주고 있으며 모두와 관련되어 있다. 제1장에서 언급했듯이, 학교는 다양성을 장려하고 차별을 종식시켜야 한다. 그리고 학교는 학생들이 타인의 차이에 대한 인식을 제고하고 우리 사회에 존재하는 모든 이의 권리를 존중하고 보호할 의무를 가진다.

통합교육은 학생이 단순히 교실 안에 있는 것이 아니라 학교에서 소속감을 느낄 권리를 가진다. 장애 학생을 포함한 모든 이들에 대한 존중과 책임을 교육적 실제에 원칙으로 한다면 학생, 교사, 부모가 서로 협력적 관계를 구성하여 통합교육을 이루어 낼 수 있다.

모든 학생은 학교의 책임이다. 통합교과서가 사용되고 있지만 우리 사회에는 배제와 차별에 대한 역사적 유물이 여전히 남아 있다. 사회 기관, 관료 구조, 정책에 영향을 주는 장애에 대한 부정적인 태도는 학교에서 통합교육의 실현을 어렵게 만든다. 학교 안의 장애차별주의적 가정과 실제를 인식할 때 우리는 장애 학생을 포함한 모든 이들을 위한 협력자가 될 수 있다.

통합교육을 향한 교사, 연구자를 포함한 학교의 노력은 우리 사회가 포용적인 공간이 될 수 있다는 가능성을 보여준다. 교사, 학생, 가족, 지역공동체의 구성원으로서 우리는 매 순간 다양성의 가치를 표현하고 통합교육을 형성할 수 있는 기회를 가진다. 통합교육의 성취를 위해서는 우리의 생각과 행동을 깨우기 위한 지속적인 노력이 요구된다.

참고 문헌

가복현 (2001). 초등학교 사회과 지역 교과서에 게재된 삽화에 대한 학생들의 인식 조사 연구. 석사학위논문, 공주대학교.

강윤주 (2015). 비장애 학생의 장애인식개선 프로그램에 대한 만족도와 참여경험에 관한 연구. 재활복지, 19(4), 159-181.

곽정한 (2011). 중학교 국어 교과서에 나타난 장애 관련 내용 분석. 석사학위논문, 전남대학교.

교육부 (2016a). 2015 개정 교육과정 총론 해설, 초등학교. 세종: 교육부.

교육부 (2016b). 2015 개정 교육과정 총론 해설, 중학교. 세종: 교육부.

교육부 (2016c). 2015 개정 교육과정 총론 해설, 고등학교. 세종: 교육부.

교육부 (2017). 제5차 특수교육발전 5개년 계획 (2018-2022). 서울: 교육부 특수교육정책과.

교육부 (2020). 2020 특수교육통계. 아산: 국립특수교육원.

구정화 (2010). 2009년 개정 10학년 사회의 '인권' 내용 관련 쟁점과 과제. 법과인권교육연구, 3(1), 22-37.

구정화 (2012). 2007 및 2009 개정 교육과정 및 교과서 분석에 기초한 사회과 인권교육의 현황. 법과인권교육연구, 5(1), 1-28.

구정화 (2013). 사회·문화 교과서의 사회적 소수자 내용에 대한 분석. 다문화교육연구, 8(4), 1-27.

구정화, 조난심, 강명숙, 설규주 (2007). 인권친화적 초·중등학교 인권교육 내용 체계화 연구. 서울: 국가인권위원회.

국가인권위원회 (2014). 통합교육에서의 장애학생 교육권 실태조사. 서울: 국가인권위원회.

국립특수교육원 (2017). 2017 특수교육 실태조사. 아산: 국립특수교육원.

국립특수교육원 (2019). 2019 특수교육 실태조사. 아산: 국립특수교육원.

국립특수교육원 (2019). 특수교육 연차보고서. 세종: 교육부 특수교육정책과.

국립특수교육원 (2020). 특수교육 연차보고서. 세종: 교육부 특수교육정책과.

권택환, 김수연, 박은영, 이유훈 (2003). 유·초등학교 교과용도서 장애관련 내용 분석. 서울: 국립특수교육원.

김경근 (2004). 한국의 사회변동과 교육. 서울: 문음사.

김미정, 최은아 (2006). 유아용 그림책에 나타난 장애인관과 장애인식 개선의 관련성 고찰. 장애아동인권연구, 3(2), 61-77.

김미희 (2007). 교과서 분석을 통한 사회과에서의 기본권 내용의 실태연구. 법교육연구, 2(1), 1-23.

김성애 (2013). 통합교육 환경 개선을 위한 제도개혁 과제. 특수교육학연구, 48(2), 1-18.

김성희 (2011). 장애관련 아동문학작품의 등장인물 특성분석을 통한 작가의 장애에 관한 견해 연구. 단국대학원 대학원 석사학위논문.

김성희 (2020). 아동문학 작품 속 장애 등장인물 특성 분석에 관한 연구. 특수·영재교육저널, 6(7), 35-50.

김수연, 이대식 (2012). 제7차 개정교육과정 초등학교 교과용도서의 장애관련 내용 분석. 특수아동교육연구, 14(1), 45-69.

김신일 (2015). 교육사회학. 서울: 교육과학사.

김정한 (2005). 제7차 교육과정의 중등학교 국어과 교과서 소설에 나타난 장애인관 연구. 창원대학교 대학원석사학위논문.

김정화, 김봉선, 강은진 (2009). 그림책에 나타난 장애인물 분석: 장애인물의 역량과 사회적 태도를 중심으로. 아동교육, 18(4), 99-115.

김태림, 김두희 (2020). 2015 개정교육과정 고등학교 국어교과서의 장애관련 내용 분석. 교육혁신연구, 30(3), 251-275.

김해옥 (2006). 중학교 교과서에 나타난 장애인관. 전남대학교 교육대학원 석사학위논문.

류현종 (2019). 초등학교 사회과 교과서에 나타난 노동 이미지. 사회과교과연구, 26(3), 21-41.

박가나 (2016). 사회과 교과서의 사회적 소수자 관련 내용 분석. 사회과교육, 55(2), 71-91.

박남수 (2004). 초등학교 교과서의 장애인 관련 내용에 내재된 의미체계의 탐색. 특수교육학연구, 39(1), 23-39.

박동환, 이재신 (2017). 교과서와 연계한 장애·인권교육 프로그램이 초등학생의 장애인권감수성과 장애인식 및 장애수용태도에 미치는 효과.

학습자중심교과교육 연구, 17(18), 891-911.

박성애 (2018). 장애 관련 아동서사문학에 나타나는 윤리성과 전복의 상상력. 아동청소년문학연구, 22(1), 323-350.

박성희 (2006). 10학년 『사회』교과서에 나타난 인권 관련 내용 분석. 사회과학교육연구, 9, 17-59.

박용조 (2003). 초등학교 사회과 교과서에 나타난 인권 관련 내용 분석. 사회과교육 연구, 10(1), 45-72.

박정희 (2003). 장애인 등장 창작동화를 사용한 독서지도가 초등학생 장애 이해에 미치는 효과. 단국대학교 특수 교육대학원 석사학위논문.

박지원, 강영심, 조혜선 (2010). 장애관련 창작동화를 활용한 토의활동이 일반아동의 장애수용태도에 미치는 효과. 지적장애연구, 12(4), 343-361.

박화연, 김경숙 (2009). 영상자료를 활용한 장애이해 교육프로그램이 일반유아의 장애유아에 대한 태도에 미치는 영향. 어린이미디어연구, 8(2), 99-115.

배은희 (2012). 2009 개정교육과정에 따른 중학교 국어교과서 장애관련 내용분석. 석사학위논문, 대구대학교.

보건복지부 (2019). 유엔장애인권리협약 제2·3차 병합 국가보고서. 세종: 보건복지부.

보건복지부 (2020). 통계로 보는 장애인의 삶. 세종: 보건복지부.

부소정 (2011). 장애이해 프로그램이 초등학교 학생의 장애 학생에 대한 태도에 미치는 효과. 대구대학교 대학원 석사학위논문.

사회보장 정보원(역) (2016). 국제 기능·장애·건강 분류. 서울: 사회보장 정보원.

서정희 (2016). 고등학교 문학 교과서에 나타난 장애 관련 내용 분석. 석사학위논문, 조선대학교.

서희선, 권현수 (2009). 장애이해 교육과 통합교육 경험이 초등학교 학생의 장애인식 및 수용태도에 미치는 효과. 특수교육연구, 16(1), 63-82.

선혜영, 이승희 (2012). 2007 개정 교육과정에 의거한 중학교 국어교과서의 장애관련 내용 분석. 특수교육저널: 이론과 실천, 13(3), 209-242.

설규주 (2013). 교과서 속 사회적 소수자에 대한 스테레오타입 연구— 2009 개정교육과정에 따른 중학교 사회 교과서를 중심으로—. 다문화교육연구, 6(3), 55-83.

설규주, 은지용 (2016). 인권친화적 교과서 기술 방안 모색을 위한 〈사회〉 교과서 분석 연구. 시민교육연구, 48(4), 49-86.

송기호 (2006). 교과학습과 연계한 학습독서의 실제. 한국도서관정보학회 동계 학술발표회, 11, 95-112.

송혜영 (2010). 청소년을 위한 권장도서에 나타난 장애 관련 내용 분석. 대구대학교 특수교육대학원 석사학위논문.

신현기 (2011). 일반교육 교육과정의 보편적 학습설계로의 전환을 위한 통합교육 교육과정의 검토. 지체·중복·건강장애연구, 54(3), 1-29.

오욱환 (2006). 교육사회학 이론의 반성적 검토: 사회변혁을 위한 이론을 지향하며. 교육사회학연구, 16(4), 159-183.

우이구, 김수연, 권택환, 박은영 (2004). 중·고등학교 교과용도서 장애 관련 내용분석. 안산: 국립특수교육원.

유병열 (2012). 학교 인권교육 강화 및 교사의 인권교육 역량 증진에 관한 연구. 한국초등교육, 23(2). 51-71.

유선영, 이효정 (2016). 장애관련 이미지를 포함하는 학급환경 구성에 대한 예비연구: 미국 헤드스타트 프로그램을 중심으로. 특수아동교육연구, 18(1), 99-118.

윤은경 (2008). 장애이해 프로그램 적용 후 초등학생의 장애 학생에 대한 태도 및 자아존중감 변화에 미치는 효과. 대구대학교 석사학위논문.

은지용, 설규주 (2016). 학교 인권 교육 개선을 위한 중학교 사회교과서 분석 연구. 교육연구, 67, 9-36.

이대식 (2006). 특수아동을 위한 교과교육의 원리와 요소. 특수교육학연구, 41(2), 95-119.

이복순, 강영하, 남윤석 (2010). 독서교육 프로그램이 초등학생의 공감 능력과 장애아동에 대한 또래 수용태도에 미치는 효과. 특수교육저널: 이론과 실천, 11(2), 195-214.

이윤지, 서화자 (2019). 장애이해교육 동화책에 나타난 장애인 묘사 특징 분석. 정서·행동장애연구, 35(1), 23-42.

이정주, 성열관 (2011). 초등학교 사회과 교과서의 인권교육 관련 내용 분석: 1, 2, 3세대 인권의 관점에서. 사회과교육연구, 18(12), 51-71.

이진석, 김혜현 (2005). 제 5,6,7 차 교육과정 중학교 사회교과서에 나타난 인권교육에 대한 비교연구. 시민교육연구, 37(4), 159-183.

이효신 (2003). 영상매체 활용이 초등학교 아동의 장애아동에 대한 설문태도와 어휘태도에 미치는 효과. 언어치료연구, 12(1), 81-95.

정광조, 이대식 (2014). 일반 중학교 비(非)장애학생들의 장애학생에 대한 이해와 태도에 영향을 미치는 변인에 관한 연구. 통합교육연구, 9(2), 69-92.

정대영 (2005). 통합교육에서의 주요 쟁점과 실천과제 고찰. 특수아동교육연구, 7(1), 21-45.

정대영, 이무숙, 하창완 (2019). 비장애고등학생의 장애인식 조사 연구—창원시 일반 고등학교 학생을 중심으로—. 학습자중심교과교육연구, 19(7), 353-375.

전유영, 이은영 (2012). 유아를 위한 장애 관련 그림책에 포함된 장애에 대한 편견 분석. 어린이문학교육연구, 13(1), 81-106.

정은 (2005). 비장애학생들의 장애(인)에 대한 인식조사에 나타난 장애 현실 조망. 특수교육저널: 이론과 실천, 6(1), 77-105.

조영복 (2017). 초등사회과 교과서 삽화 오류의 대안적 고찰. 대구: 한국학술정보.

조주희 (2021). 장애의 사회문화적 고찰: 여성장애인의 장애 경험에 관한 내러티브적 분석. 교육인류학연구. 24(1), 97-128.

조주희, 박문석 (2019a). 장애 학생의 통합교육 경험에 관한 질적 연구.

교육과학연구, 50(3), 179-208.

조주희, 박문석 (2019b). 통합교육의 장벽을 만드는 요인에 대한 질적 연구: 장애의 사회적 모델. 비교교육연구, 29(5), 79-114.

조주희, 박문석 (2019c). 장애인에 대한 왜곡된 이미지: 교과서 분석. 교육과학연구, 50(4), 301-329.

조주희, 박문석 (2020a). 가족에게서 멀어져 살아간다는 것: 교육정책의 변화가 장애 아이들의 삶에 미치는 영향. 지체·중복·건강장애연구, 63(2), 87-117.

조주희, 박문석 (2020b). 건강한 사람들의 세계에서 병(病)을 가진 사람의 장애 경험 탐구. 지체·중복·건강장애연구, 63(3), 131-166.

조태원 (2010). 기본권 분류 체계로 본 사회과 교육과정 및 교과서상의 인권교육 관련 내용 분석—제6·7차 교육과정상의 5·6차 교육과정상의 초등학교 5·6학년을 중심으로—. 사회과교육, 49(3), 99-116.

조현진, 강영심 (2011). 부모와의 장애관련동화 토의활동이 일반유아의 장애인식에 미치는 영향. 특수아동교육연구, 13(3), 387-407.

조혜진 (2004). 독서활동을 통한 장애인식개선 프로그램이 일반아동의 인식 및 태도변화에 미치는 효과. 한국교원대학교 교육대학원 석사학위논문.

주동범, 김정희, 정일환 (2002). 교직과정을 위한 교육사회학. 서울: 원미사.

차진아 (2012). 사회적 약자의 인권에 관한 연구—사회적 약자의 유형에 바른 인권보장의 구체화 방향을 중심으로-. 공법학 연구, 13(2), 193-226.

최성규, 김정규, 구명성 (2015). 초등학생의 장애학생 인식에 대한 내적·외적요인의 관계 분석. 특수교육저널: 이론과 실천, 16(1), 25-50.

최형찬 (2015). 도덕과와 사회과의 인권교육 분석-공통 교육과정을 중심으로-. 도덕윤리과교육, 47, 107-131.

한국교육과정평가원 (2015). 2015 개정 교육과정 총론 해설서(중·고등학교 개발 연구). 서울: 한국교육과정평가원.

한국여성개발원 (2006). 가족 내 돌봄노동 실태조사. 서울: 한국여성개발원.

Apple, M. (1988). Teachers and texts: A political economy of class and gender.

Apple, M. (1993). 학교지식의 정치학. 박부권, 심연미, 김수연 옮김 (2001). 서울: 우리 교육.

Apple, M. (2014). Official knowledge: Democratic education in a conservative age.

Apple, M. (2014). Official knowledge: Democratic education in a conservative age. Routledge.

Bernard, H. R. (2013). Social research methods: Qualitative and quantitative approaches. Thousand Oaks, CA: Sage publications, Inc.

Bourdieu, P. (1993). The field of cultural production. Cambridge, MA: Polity Press.

Bourdieu, P., & Passeron, J. (1977). Reproduction in education, society and culture. London: Sage.

Corbett, J. (2001). Supporting inclusive education: A connective pedagogy.

Darke, P. (2003). Now I know why disability art is growning in the river lethe (with thanks to Pierre Bourdieu). New York, NY: Routledge.

Demon, S. (1999). Anti-bias curriculum. Tools for empowering young children. Washington, D. C.: National Association for the Education of Young Children.

Driedger, T. (1990). Female self-determination between feminist claims and voluntary eugenices, Rights and Ethics, 3(2), 112-135. England: Ashagate.

Hardin, B., & Hardin, M. (2004). Distorted pictures: Images of disability in physical education textbooks. Adapted Physical Activity Quarterly, 21(4), 399-413.

Ingstad, B., & Whyte, S. (2007). Disability in Local and Global Worlds. California: University of California Press.

Kelly, A. (1986). Sex stereotypes and attitudes to science among eleven-year-old children. Educational Psychology, 56(2), 158-168.

Oliver, M. (2009a). The politics of disablement. London: Macmillan Education.

Oliver, M. (Ed.). (2009). Understanding disability: From theory to practice (2nd ed.). Tavistock, UK: Palgrave.

Praiter, M. A. (1999). Charaterization of Mental Retardation in Childrens and Adolsecent Literature. Education and Training in Mental Regardation and Developmental Disabilities, 34, 418-31. Relations in Education. New York, NY: Routledge.

Shah, S. (2008). Young disabled people: Aspiration, choices, and constraints. England: Ashgate.

Shakespeare, T. (Ed.). (2014). Disability rights and wrongs revisited (2nd ed.). New York: Routledge.

Sontag, S. (2011). On photography. NY: Macmillan.

Stromquist, N. (1990). Gender inequality in education: accounting for women's subordination. British Journal of Sociology of Education, 11(2), 137-153.

United Nations (1994). Standard rules on the equalization of opportunities for persons with disabilities. NY: United Nations.

Wendell, S. (1996). Rejected body. New York: Routledge.

Young, M. (1990). Justice and the politics of difference. Princeton,

NJ: Princeton University Press.

Young, M. (2009). The rise of the meritocracy. London: Transaction Publishers.

분석 대상 도서

안순혜 (2006). 무릎 위의 학교. 샘터.

아오키 히로에 (2009). 그래도 넌 내 짝꿍. 아이세움.

이금이 (2007). 내 친구 재덕이. 푸른책들.

이오누에 미유키 (2002). 엄마, 내가 자전거를 탔어요!. 베틀북.

피터슨 (2007). 내게는 소리를 듣지 못하는 여동생이 있습니다. 중앙출판사.

아오키 미치요 (2004). 민수야 힘내!. 한림출판사.

다바타 세이이치 (2012). 마법의 조막손. 우리교육.

김중미 (2002). 아영이. 창작과비평사.

히도 반 헤네흐텐 (2013). 내 귀는 짝짝이. 웅진주니어.

아그네스 라코르 (2004). 꽃처럼 향기로운 내 동생. 크레용하우스.

베아트리스 퐁타넬 (2015). 말더듬이 내 친구 어버버. 시공주니어.

프란츠 요제프 (2004). 내 다리는 휠체어. 주니어김영사.

에이다 바셋 리피칠드 (2012). 흰지팡이 여행. 사계절.

윤대녕 (2001). 벙어리 꽃나무. 미세기.

카챠 라이더 (2003). 내 귀는 레몬빛. 문학동네.

패트리샤 매클라클랜 (2013). 할아버지의 눈으로. 보물창고.

에드 영 (2020). 일곱 마리 눈먼 생쥐. 시공주니어.

프란츠 요제프 후아이니크 (2010). 내 친구는 시각장애인. 주니어김영사.

임정진 (2008). 나보다 작은 형. 푸른숲주니어.

김원 (2018). 장님새우는 내 친구. 한국톨스토이.

최래옥 (2019). 돌장승에게 비단 판 바보. 고려원북스.

조너선 에밋 (2005). 때가 되면 너도 날 수 있단다. 어린이작가정신.

아누 슈토너 (2002). 땅꼬마 산타클로스. 달리.

고정욱 (2020). 가방 들어주는 아이. 사계절.

이미애 (2019). 반쪽이. 보림.

질 티보 (2018). 마티유의 까만색 세상. 어린이작가정신.

고정욱 (2020). 네 손가락의 피아니스트. 대교북스.

니카야마 치나츠 (2019). 어떤 느낌일까?. 보림.

허은미 (2020). 달라도 친구. 웅진주니어.

패트리샤 폴라코 (2020). 고맙습니다, 선생님. 미래엔아이세움.

권정생 (2019). 길 아저씨 손 아저씨. 국민서관.

송언 (2008). 혹부리 할아버지. 국민서관.

본 도서는 다음의 출판된 연구 논문을 기반으로 한다.

조주희 (2021). 2015 개정 사회과 교과서 삽화에 나타난 장애인관 연구: 사회문화적 이해. 열린교육연구, 29(2).

조주희 (2021). 사회문화 교과서 연계 도서 속의 장애에 내재된 상징적 의미 탐구, 학습자중심교과교육연구. 21(7).

조주희 (2021). 사회과 교과서에 나타난 장애 관련 내용 분석. 학습자중심교과교육연구. 21(1).

조주희, 박문석(2019). 장애인에 대한 왜곡된 이미지: 교과서 분석. 교육과학연구, 50(4).